世界を生き抜く力は
思春期に伸びる！

男の子の「自己肯定感」を高める育て方

開成中学校・高等学校校長
東京大学名誉教授
柳沢幸雄

実務教育出版

はじめに

私は、日本の高校生は世界一だと考えています。勉強、運動、学生生活、あらゆる面において、非常に能力が高く、向上心もあるからです。

しかし、残念ながらそれは高校時代がピーク。そこから先は海外の学生に抜かれていきます。それには、「自己肯定感」が大きく関係していると考えています。

科学者としてキャリアをスタートした、私の興味の中心にあったのは常に「教育」でした。ですから、ハーバード大学で研究員として働いた後、教授として学生に教えるようになったのは、自然ななりゆきでした。

ハーバードでの授業は、刺激的なものでした。まず、授業中に私のほうから学生たちに質問することはありません。適切なタイミングで、学生のほうから質問が飛んでくるからです。

ハーバードの学生にとって、発言するということは、いわば〝陣取合戦〟。時間という陣地をいかに先に取るか。そうすることで自分の存在をあきらかにしないことには、彼らはアメリカという社会で生き残っていくことができないのです。

人が話しているときに声を重ねるのはタブーですから、一瞬の隙を狙って自分の意見を発表するために、学生たちは集中して授業に臨んでいました。緊張感がありながら授業が盛り上がるのは、このような学生の集中力に負うところが大きかったと思います。

日本へ戻って、母校の東京大学で教えることになって驚いたのは、この緊張感の欠落でした。「何か質問は？」と聞かなければ、質問が出ない。質問をしても、学生たちの最初の反応は周りを見ることでした。誰も発言しないため、順次当てていくこともありました。彼らが高校卒業の頃は、間違いなくハーバードの新入生より優秀だったはずなのに、この時点であきらかに差をつけられているのを感じました。

この授業風景と同じ光景は、彼らが働き出す20代の間も、ずっと見られるものです。アメリカでは会議で発言しないと、次の会議には呼ばれません。「いてもいなくても同じ」と判断されるからです。日本は逆です。会議では意見を言わず、ニコニコしていたほうが好まれる。和を乱さないことが、何より優先されるからです。

発信しなければならない環境に置かれたアメリカの若者が、必死に学び続けるのに対して、ただ座っているだけでいい日本の若者にとって、学ぶモチベーションはありません。30歳になる頃には、知識量に大きな差がついているのはそのためです。

「失われた30年」と呼ばれる、停滞した日本経済のもとで生きていかなければならない学生たちは、これまでの「周りを見て、和を乱さない」というやり方では、これからの世界の中で生き残ることはできません。**アメリカをはじめ世界中の学生と同じレベルで発言し、同じレベルで働いていけるように、否応《いやおう》なく変わっていかなければならない**のです。

この変化を達成するために必要なものがあります。それは、「自己肯定感」です。

自己肯定感がなければ、世界の中で自分の存在を示していくことはできません。

しかし、日本の学生たちの自己肯定感は、残念ながら非常に低いという実情があります。それは、単に個々人の資質に根ざしているものではありません。自己肯定感の低さは、何も今に始まったことではないからです。

自己肯定感を抑えることは、これまで日本という閉じた国の中でうまく生きていくために必要なことでした。そして私たち親自身が、そのような文化の中で育ってきています。ですから、息子の自己肯定感をどのように育てたらいいのか、誰もが迷っているのです。これはある意味、仕方のないことだとも言えます。

私は、アメリカで教育に携わり、その間息子2人をアメリカで育てることになりました。そのため、1人の父親として「自己肯定感をいかに育むか」ということを、かの地で体験的に学ぶことになりました。また、開成中学校・高等学校の校長という立場において、生徒たちの自己肯定感を上げるための方法を試行錯誤する中で、実践的な方法論を身につけることにもなりました。

開成のような、地域トップの学生ばかりが集まる学校では、放っておくと子どもの自己肯定感は下がってしまいます。なぜなら、トップの成績しか取ったことのない生徒が、初めての挫折を味わうのがこの学校だからです。自己肯定感が下がったままにならないための仕組みを、私たちの学校ではしっかりと備えているのです。自己肯定感を育むことに関して、開成という学校は勉学と同じくらい力を注いでいると言っていいでしょう。

本書の第1章では日本文化から見た自己肯定感を解き明かし、第2章では思春期のそれはどのようなものかを見ていきます。第3章は自己肯定感を上げるための具体的な方法を、第4章では男の子のポテンシャルの伸ばし方について語ります。

自己肯定感は育むことができるものです。そして、思春期はそれを大きく成長させる最後のチャンスです。科学者としての目線で男子の自己肯定感を捉え、実践的な内容を盛り込んだつもりです。

本書を読んだ後に、息子さんとの付き合い方に少しでも良い変化があることを願っています。

２０１９年11月

開成中学校・高等学校校長　柳沢幸雄

男の子の「自己肯定感」を高める育て方

もくじ

第2章 思春期男子の「自己肯定感」

第3章 男の子の「自己肯定感」の高め方

第4章

男の子のポテンシャルを伸ばす育て方

装丁イラスト▼北村みなみ
装丁デザイン▼西垂水敦・市川さつき（krran）
本文イラスト▼吉村堂（アスラン編集スタジオ）
本文デザイン&DTP▼伊延あづさ・佐藤純（アスラン編集スタジオ）
編集協力▼黒坂真由子

第1章

なぜ、日本人の「自己肯定感」は
これほど低いのか？

01

「自己肯定＝自慢」という文化へ挑む

日本で自己肯定感が育ちにくい文化的背景はいくつかありますが、そのトップに挙げられるのが「謙譲の文化」です。日本人は自慢を嫌います。自慢というのは、違った角度から見てみると、ある意味「自分を肯定すること」です。

しかし多くの日本人は、相手が自分のしてきたことや、していることを肯定的に話すと、それを「自慢」と受け取り、「はしたないこと」とみなします。このような文化の中では、自分の成果を声に出すことは憚《はばか》られるようになります。

そしてこのような文化的背景は、言語の中にも見られます。私たちが使う日本語は、謙譲語が非常に発達しています。多くの日常の場面で、多用されています。謙譲語というのは、相手との関係において、自分を一段下げてへりくだった表現をすることで、相手に対する尊敬を示す言葉です。

謙譲語を使うことは、ビジネスマナーとして必須ですし、そもそも「謙遜すること が美徳」という意識が私たちの間にはあります。自分をへりくだって表現することが、道徳上の美しいことだと認識されているのです。

自慢はマイナス、謙遜はプラスという意識が、暗黙のうちに日本の文化の中にはあるわけです。これは日本で育った人であれば、当たり前のように持っている感情です。

子どもは親が持つ文化を肥大化して受け取る

親は無意識のうちに、この謙遜の文化を子どもに受け継がせることになります。つまり、**親が常識としている謙遜の文化が、子どもにも託されている**わけです。すると子どもは、私たち大人と同じように、自分を肯定的に表現することにためらいを持つようになります。

「子は親の鏡」と昔から言われますが、私は単なる鏡ではないと考えています。ありのままを映す真っ平らな鏡ではなく、「ある部分を非常に肥大化させて映す鏡」です。そして、どの部分が肥大化されるかによって、その国の文化は世代が変わるにつれ徐々に変化していくのです。

現在の日本は、この謙遜からさらに進んで「自分を卑下する」ところまできているようです。ネット社会では、特にそれが顕著です。何かものを言うと、すぐに炎上してしまいますから、外から非難を浴びないように、注意深く行動することが賢いやり方だと誰もが思っています。何かを発言するにしても、注意深く自分を卑下しながらであれば、炎上することはありません。

炎上させる側から言えば、自分のしていることは正義であり、その正義を行使しているということになるのですが、これは倫理的におかしい。勇気を持って意見を言った人を袋叩きにしていい、ということはありません。しかし、炎上させる側のバックには、「自慢する奴ははしたない」という意識を持った日本人が大勢ついています。今の日本には、炎上を支える味方が多いのです。

同じようなことは、人類の歴史の中で数多く起きています。その顕著な例は、「魔女裁判」です。私が長く住んでいたボストンのすぐ側に、セイラム（現在のダンバース）という町があります。17世紀後半、ここでは魔女裁判が行われ、20名近い女性が魔女として処刑されました。魔女として告発する側は、「自分は社会の安定を保つために正義を担っている」と考えていました。その間違った考えが、多くの罪のない女性に死をもたらしました。

今のネットのいろいろな書き込みは、この魔女裁判を彷彿《ほうふつ》とさせます。このような状況下では、まるでカメレオンのように、その環境の中で全く目立たないように振る

舞うほうが安全です。カメレオンのように生きることが、生きていく上で非常に重要な術なんだ、という考えが日本社会に蔓延《まんえん》しているのです。大人がそのように行動していれば、それは肥大化された形で子どもたちに受け継がれます。

子どもたちは大人と同じように、決して目立ってはいけない、という思いを持って学校生活を送ります。「みんな同じがいい」という価値観が醸成され、それが同調圧力になっていくわけです。

しかし、本来人間は皆違います。うま

く同調できない子は、ネットの世界の炎上や魔女裁判と同様、攻撃の対象になります。これがいじめです。先の例を見てもわかるように、いじめている側は「正義」を感じていることさえあるから厄介です。学校におけるいじめは、言うなれば社会の縮図なのです。

このような社会では、「自己肯定感を高めなければならない」と頭の隅で思っていたとしても、それ以前に日本文化の中で強力な要素となっている謙遜の精神や同調圧力に打ち負かされてしまうのです。「自分はここが優れている」「自分は人とここが違う」ということが、非常に言いづらい社会に私たちは生きているのです。

自己肯定感が低くても生きやすい社会

このように考えると、日本はある意味自己肯定感が低くても生きやすい国である、と言うことができます。じつは、それこそがもう1つの大きな問題なのです。

自己肯定感が低くても、日本国内だけに閉じこもることができれば、お互いの傷を舐め合うように生きていくことはできます。そこだけを取ってみたら、優しさに満ちた、ある意味非常に心地いい世界かもしれません。

このような閉じこもった社会で生きていた時期が、日本にはありました。そう、江戸時代です。鎖国の間、日本人は海外との関わりをほぼ絶って、日本国内だけで完結した社会を形成していました。

このとき何が起きていたかというと、人口が全く変わらなかったのです。鎖国時代の人口は約3000万人、そして明治維新を迎えた頃の人口も同じく3000万人でした。海外との取引がほぼない状態では、日本の生産力で支えられる人口はそれだけだったというわけです。

人口は減ってきているとはいえ、1億2000万人がこの日本で生活をしています。

もしこれを、3000万人まで減らす気があるのであれば、日本独自のやり方を守った社会をつくることは可能です。そういう意味では、非常に強い国になる。経済制裁も貿易摩擦も、国を揺るがすことがないからです。

しかし、3000万の人口に減らすとなったときに、4人に1人しか生き残れない。「じゃあ誰を選びますか？」という話になる。これは現実的なシナリオではありません。

海外と肩を並べて生きていかなければならない時代に、自己肯定感を表現させないような社会に、人々の意識が収斂《しゅうれん》していってはなりません。今の日本は、環境は海外へ開かれているのに、意識は鎖国へ向かっている、非常に矛盾した状態に置かれているのです。

02

「〇〇させていただきます」に見る予定調和の文化

日本人の自己肯定感が低いというのは、最近言われ始めたことではありません。それは日本人の特徴の1つとして、脈々と私たちが受け継いできた文化的側面なのです。例えば、「相手に甘える、相手を甘えさせるという密着した人間関係が、日本社会の潤滑油であった」とする土居健郎の『甘えの構造』（弘文堂）は、1971年に出版され、当時ベストセラーとなりました。

また、1976年に出版された河合隼雄の『母性社会日本の病理』（中央公論社）も、自我の確立ができない日本人の特徴について論じています。

これらの本は、欧米との比較において自己の確立ができない、しない日本人についいての特徴を述べたものです。つまり、このような日本人の特徴は、すでに50年近く前から論じられていることではあるのです。
ただ、その時代に現在ほど問題視されなかったのは、経済が拡大基調にあったからです。経済成長の中では、もろもろの矛盾は吸収されてしまいます。

しかし、５００兆円からＧＤＰが増えない「失われた30年」と言われる現在、私たちの社会には不安が蔓延しています。特に高齢化の流れの中で、若い人は将来に対する明るい展望を描けずにいます。自分たちに今後のしかかってくる負担を考えると、楽観的ではいられないからです。そのような中で、50年前から指摘されてきたことが、現実問題として噴出してきているのです。

他者との関係で自分を表現する日本人

１９９２年に私がアメリカから日本に帰ってきたとき、非常に気になった言葉遣い

がありました。渡米した１９８４年には、それほど広くは使われていなかったはずなのですが、あっという間にあらゆる場所でこの言葉を聞くことになったのです。それは「～させていただきます」という表現です。現在では丁寧なものの言い方として、頻繁に使われています。みなさんも使ったことがあるかもしれません。

先日ニュースで、あるトップアスリートのインタビューを聞いていたのですが、その方も何度もこの表現を使っていました。

「大会に出場させていただいて」

「競技をさせていただいて」
「参加させていただいて」
「勝たせていただいて」

「周りの人に支えられて」という気持ちの表現かもしれませんが、単に「大会に出場して」という言い方で全く問題がないはずです。「〜させていただく」という言い方は、私に言わせれば押しつけです。なぜなら、相手に決定を委ねる言葉だからです。

つまり、この言葉の裏にはあるのは「〇〇させていただきますが、よろしいですね？」という問いと、誰もが「いいですよ」と言う答えです。この前提においてのみ、「させていただく」という表現は機能する。「絶対に否定しない相手に、決定権を委ねる」という予定調和があってこその表現なのです。「大会に出場する」という**個人の主体的な行動でさえも、相手の承認を求める形で表現するほど、私たちは集団との予定調和のつながりの中で生きている**のです。

03

自己肯定感を表に出さないと居心地の悪い社会へ

この予定調和がわからないと、日本文化の中で生きていくのは非常に難しくなります。謙譲語や謙遜の表現もその約束事の1つです。例えば、「愚息《ぐそく》」「豚児《とんじ》」といった表現をそのまま受け取ってはなりませんし、「うちの娘は本当に不器量で」という相手の言葉に「そうですね」と返事をしたら大喧嘩になります（笑）。

私たちは自分が発信するコミュニケーションにおいても、相手の反応を織り込みながら進めます。つまり、日本においての「自己表現」は、そこにすでに他人が含まれているのです。

私がアメリカでの生活で、大きな違いを感じたのはこの部分です。自己表現はどこまでいっても自己表現でしかなく、そこに他人が介在することはありません。予定調和どころか、自分が他人といかに違っているかを示し続けないと、社会の中で埋没してしまう。埋没するということは、自分の存在がなくなることですから、これは絶対に避けなければなりません。

そのために、1人ひとりが自己肯定感を維持し、それを表に出していくのが当たり前という構造がありました。自己肯定感を強く持ち、それを表に出さないと居心地が悪い社会と、それを表に出すと非常に居心地の悪い社会。そこに大きな違いがあったのです。

なぜ、アメリカでは褒め言葉が多いのか？

その文化は、褒め言葉にも反映されています。自己主張する相手を認めながらバランスを取っていく社会では、相手を認める言葉が多く存在していました。アメリカで

アメリカは相手を否定する言葉が少ない

褒め言葉

amazing, awesome, brilliant, clever, cool, elegant, enough, excellent, fabulous, fine, good, great, marvelous, nice, outstanding, perfect, positive, smart, splendid, sufficient, super, terrific, wonderful

貶し言葉

bad
poor
stupid
imperfect
insufficient
unskilled
need more effort

10年以上にわたって生活し、スタッフや学生と関わる中で、私はたくさんの褒め言葉を覚えました。

一方、貶し言葉は使う機会がほとんどありませんから、言葉の種類が本当に少ない。学生に「やれやれ、しょうがないな」という感じでpoorを使うことはありましたが、stupidは使いませんでした。imperfectはperfectに否定の接頭語をつけて反転させた単語ですし、「need more effort」は「努力しろよ」という命令文であって、単語ですらありません。ことほどさように、相手を否定する単語が少ない、というわけです。

言葉は必要に応じて増えていくものですから、どれだけ英語の中で褒め言葉が多用され、貶し言葉が使われていないかというのは、単語数の違いからもわかります。

アメリカがこのように相手を認める褒め言葉をたくさん持つようになったのは、移民国家だからに他なりません。共通の歴史や習慣、文化を持たない人たちが1つの国に集まって国づくりをするとなったときに、「なんとなくまとまる」という予定調和は期待できなかった。

そこで、皆がそれぞれ自分の得意なことを主張し、それを認め合うことで動的なバランスを取ってきたのです。「こっちは突出している、こっちは引っ込んでいるけれども、全体としてバランスが取れていればいい」という考え方を採用してきたのです。

日本の場合は、「皆共通のものを持っているだろうから、それを土台に平均からずれないようにバランスを取っていく」という考え方が好まれました。そこは大きく違うところです。

予定調和から抜け出す苦しみ

建国記念日を見ると、国の文化の違いがよくわかります。アメリカでは「独立宣言」を採択した7月4日が建国記念日として定められています。まさに、自分たちの手でイギリスから独立を勝ち取った日が、国ができた日とされているのです。

一方、日本の建国記念日は、神話にもとづいて定められています。日本人の意識の中では、国はつくり上げたものではなく、〝もとからあったもの〟なのです。日本人が予定調和の中に暮らしているのは、「もとからあるものに従う」ということが、当たり前になっているからです。

しかし、鎖国を選択できない現在、そのような心地良い状態に浸ることはできませ

ん。経済をはじめとして、海外との付き合いなしには、もはや私たち日本人の生活は成り立ちません。否応なしに、アメリカ風のグローバリズムの中を生きていかなければならない時代になっているのです。

現在の日本は、予定調和で生きてきた状態から、なんとか抜け出そうとしているところ。子どもだけでなく大人も、新たな価値観に直面し、非常に苦しんでいる状態にあるのです。

閉じた世界で求める安定

李御寧は『「縮み」志向の日本人』(講談社)の中で、盆栽というものが日本社会の特質を極めて端的に表しているとしています。日本人は自分が所属している集団の安定を一番に求め、外側のことはあまり気にしないように映る。

つまり、自分が見える狭く縮んだ範囲の「世界」の安定を求める。盆栽がその鉢の中での安定と調和を求めるように、日本人も閉じた世界での安定と調和を求めているというのです。

それが大人であれば会社であり、子どもであれば学校となります。外にも広い世界があるのに、そこでの自分の立ち位置が人生のすべてになってしまう。このような外との関わりを持たない集団にどっぷり浸かっていると、外の環境が変わったときに対応できなくなってしまいます。森に根を張る木々が、荒々しい環境変化の中にあっても力強く生きていけるのに対して、盆栽の木はそうはいかないのと同じです。

しかし、私たちはそのように小さくても安定した、閉じた社会に生きていたのでしょうか？　じつは皆が信じてきた終身雇用でさえ、30年ほどしか続いていません。「会社という閉じた世界での安定」は、日本の近代史の中において、実際にそう長くはなかったのです。１９７１年に東大を卒業した団塊世代にあたる私の同級生でさえ、クラス40人のうちずっと同じ会社で勤め上げた人は４人しかいません。団塊の世代は、まさに終身雇用が一番もてはやされていた時代です。

戦前には「終身雇用」という言葉はありませんでした。これは、地方から中卒の若者を都会に集める集団就職列車が走っていた頃のキャッチフレーズだったのです。その頃の日本の就業構造は、農業人口が60％ほどあり、若者は地方にいました。

しかし、工業化の中で工場の労働力が必要となった。そのため、農業従事者の子どもたちを都会に連れてくる必要に迫られました。中学を卒業したばかりの子どもを東京に出すというのは、もちろん親も心配です。そのときに言われたのが、「うちの会社に来れば終身雇用」というスローガンだったのです。

このように振り返って考えると、日本企業の一番の特徴と信じられてきた終身雇用自体が、幻だったのではないかと思えてきます。閉じた世界が機能していた時期というのは、意外にも非常に短かった。ですからそもそも、小さい盆栽のような世界で平和と繁栄を守りましょう、ということは、どだい無理な話なのです。

04 「グランドデザイン」を「大風呂敷を広げる」と揶揄しない

自分の見える範囲の小さな世界で居心地がいい、と言う人ばかりの社会では、グランドデザインを描くことは「大風呂敷を広げる」と言われてしまいます。

日本が台湾の植民地政策を進めていた頃、1898年に台湾総督府民政局長となった後藤新平は、大規模なグランドデザインを掲げ、現代の台湾の基礎をつくりあげました。鉄道、道路、港湾といった大規模なインフラ整備だけでなく、徹底的な土地と人口の調査にもとづき近代的な土地所有制度を確立。通信網の整備や公衆衛生事業も積極的に行いました。

植民地政策を擁護するわけではありませんが、大胆なグランドデザインのもとでの大規模な改革が、現代の台湾の発展を影で支えることになったのです。台湾人の強い親日感情の一部も、ここに負っている部分が少なくありません。

台湾のみならず、後藤は東京の都市計画にも大きな足跡を残しています。1923年の関東大震災直後に組閣された第2次山本内閣では、内相兼帝都復興院総裁を務め、徹底的に破壊された東京の壮大な復興事業を推進しようとしました。このとき後藤は、これからの未来に起こる地震にも耐えうる都市をつくろうと、都市計画の全体像を大きく描きました。

しかし、そこで出たのは「あいつは大風呂敷を広げる」という批判でした。台湾とは違う「予定調和」が必要な日本社会の中では、大胆なトップダウンの改革を行うことができず、反対勢力の抵抗によって後藤の目指した都市開発は道半ばとなりました。

ただ、区画整理、幹線道路の建設、震災の際の逃げ場にもなる都市内の公園の建設などは、後藤の構想によるものです。

この話からもわかるように、グランドデザインを考える日本人は、揶揄《やゆ》される対象でもあったのです。

否定する人がスマートに見える日本社会

私が常々懸念しているのが、日本ではアイデアを否定する人が、スマートに見えるということです。否定する人というのは、次のようなやり方をします。例えば大規模なグランドデザインを提案した人を前に、その計画の〝一部〟に対して反対するのです。「この部分は成り立たないのではないか」「これをすることで1億円上乗せになるが、資金はどうするのか」など。

このように一部を否定することによって、グランドデザイン全体を否定しようとします。全体を否定することは難しくても、一部の否定なら簡単です。そもそも「一部」

というのは、日本人の一番得意とするところだからです。

そしてもう1つの問題が、「代案を出さない」ということ。否定するだけなのです。先ほどの炎上の話と同じで、否定している人は「正義感から」そのように発言しているのが厄介なところです。このように反対する人のほうが、ともするとスマートに見えてしまうこともあるため、大きなアイデアを持つ人が活躍しにくい土壌があると感じています。

グランドデザインの中には、もちろん至らない部分もたくさんあるでしょう。しかし、細部まで詰めていては、復興計画のような待ったなしで進めなければならない事業をスタートすることはできません。大きなアイデアを持つ人に、まずはチャンスを与えることができるようになれば、日本も大きく変わるはずです。

参考文献：『台湾』（伊藤潔、中央公論新社）

05

日本人のアイデアに賛成できる日本人を目指す

科学技術の世界にも、否定の文化の弊害はあふれています。私も科学者の1人として、これには非常に歯がゆい思いをしています。

その典型的な例が、携帯電話です。世界で初めて電話とメールが使用できる携帯電話をつくったのは日本人なのです。みなさんも、もしかするとNTTドコモが開発した「iモード」を使っていたかもしれません。それまでにも、携帯電話はありましたし、インターネットもありました。ただ、iモードのように、携帯電話でメールが送受信できるものはありませんでした。

しかし、日本はこれを国際規格にすることができませんでした。〝オール日本〟でチームを組んで、海外に打ち出して産業化することができなかった。日本人がつくったグランドデザインの普及に、日本人は全く協力的ではなかったのです。

否定の文化は国際規格も邪魔する

現代における技術開発というのは、技術のハード側と、オペレーションシステムなどのソフト側があります。ソフトの部分を国際規格の中に押し込んでいかなければ、日本の携帯がガラパゴス化したように、その先の発展はありません。

TRON（The Real-time Operating system Nucleus）というＯＳは、科学者の坂村健氏が１９８４年に提唱したものですが、現代では常識となる考え方を多く含んでいました。例えば、日本語を含めた世界中の言語を表すために、従来の１０００文字ほどしか表現できない「１バイト（8ビット、半角）」ではなく、「１バイトを２つ使用した2バイト（16ビット、全角）」で表せるようにしたのがTRONでした。日本語を表すのには全角が必要ですから、このような仕組みをいち早く提案していたOSだったのです。

しかし、日本はTRONを国際規格に仕立て上げることができませんでした。そのため、私たちはマイクロソフトの軍門に下ることになったのです。マイクロソフトの成功には、現代の「デファクト・スタンダード（事実上の標準）」にいち早く対応していた、ということもあります。これはITから始まった考え方で、「たくさんの人が使うほど、それが標準になる」というものです。昔は標準というのは「お上」が決めるものでしたが、現在は「スタンダードは顧客が決める」という流れになっています。

マイクロソフトがデファクト・スタンダードを取れたのは、基本的にソフトをすべてオープンにし、誰もが無料で使えるようにしたからです。それがユーザー数を増やし、市場はWindows搭載のコンピューターであふれることになりました。

「とりあえずやってみる」ができない文化

ＩＴの世界では、ベータ版のリリースが当たり前になっています。言うなれば、「とりあえずやってみる」ということです。これを個人レベルで後押しするのは、その人の自己肯定感です。自己肯定感が低ければ、リスクばかりに目がいき、挑戦することにためらいを感じます。しかし、**自己肯定感が高ければ、「ダメだったらまたやればいい」「修正しながら続ければいい」と思えるために、新しいことが成就する可能性に、目を開くことができる**からです。

このことは、若い人たちにぜひ知っておいてもらいたいことです。これからの技術というのは、国際規格に合わせないと輸出入もできなくなります。自動車も自動運転を含めて、いろいろなものが国際規格を必要とする時代なのです。

そこで大切なのは、デファクト・スタンダードを取るなどして、日本が国際規格を

つくるということ。国際規格を獲得した国が、必ずその世界で優位に立てるようになるからです。せっかくの発明の利益を、国際規格が取れないばかりに失ってはなりません。

日本が数々の最先端の発明や開発をしながら国際規格を取れないのは、日本人の提案に対して、日本人自身が賛成することができないからです。日本人の斬新なアイデアを肯定的に受け入れることができないわけです。

否定すること、否定されることに慣れ

た日本人は、自分自身を信じることができなくなっています。自信がないので、もともとゼロだった分野に参入して、失敗するのも怖い。そのため、「リスクがある」と否定してしまう。失うものはないのですから、挑戦すればいいのですが、やはり科学の世界でも否定の習慣が根強く残っています。

日本人がつくった大きなプロジェクトに反対するのは、多くは日本人です。ここを変えなければ、この国の発展はありません。

第2章

思春期男子の「自己肯定感」

06

自己肯定感は一定ではなく揺らぐもの

自己肯定感と聞くと、「ある」「ない」と考える人が多いと思います。しかし、それほど簡単に判断できるものではありません。自己肯定感自体は、「揺らぐもの」であって、持っていると思っていたのに急に失うこともあるし、その逆もしかりです。

一番わかりやすいのは、定年後の男性かもしれません。バリバリ第一線で働いていた人が、会社という居場所を急に失ってしまうと、それまで持っていた自己肯定感が大きく損なわれることがあります。社会から必要とされている実感を持てない。そんな不安な気持ちでいるところに、奥さんから「家にいると邪魔」などと言われたら(笑)。定年後に元気のない男性が多いのは、社会とのつながりが分断されてしまうからでしょう。

子どもの自己肯定感は親次第

「ある」「ない」という話で言えば、生まれながらに自己肯定感がある人とない人がいるわけではありません。**自己肯定感は遺伝でも何でもなく、育った環境によって培われるものです。その一番大きな環境要因は、やはり親です。**

結論を言ってしまえば、親の自己肯定感が高ければ子どものそれも高く、逆に低ければ低くなります。自己肯定感が高い人の特徴として、物事のプラス面を見る、失敗してもチャレンジできる、人を褒めることができる、などが挙げられます。それが子育てにも応用されることで、子どもの自己肯定感は自ずと高まっていくのです。

先日ファミレスの隣のテーブルで、こんな光景を見ました。

5歳くらいの男の子2人が、ドリンクバーからジュースを自分で運んでいたのですが、2人ともなみなみと注いだために、歩きながらこぼしてしまったのです。1人のお母さんは、「もう！　まだ1人で取りに行くのは無理って言ったでしょ！　座ってなさい！」と怒って、それ以降取りに行かせることはありませんでした。

もう1人のお母さんは子どもと一緒にお店の人に謝った後、「じゃあ、どうしたらこぼさずに運べるか、考えてみよう」と言い、どのくらいまで注いだらいいかを教え、そのジュースを子どもに持たせて席まで運ばせました。その子はとてもうれしそうに、自分が運んだジュースを飲んでいました。

成長の過程で、失敗はつきものです。自分が大人に向かって行く過程を、失敗を含めてプラスに捉えることは、非常に重要です。「自分はこんなことができるようになった」と感じながら成長できれば、自分が過ごしている時間や環境、自分自身を肯定的に考えることができるようになります。そして、この自己肯定感は「自信」という形で、その子を支えることになります。

先ほどのジュースを1人で運べるようになった子は、そこで1つ自信を身につけたはずです。また何かにチャレンジして、失敗することもあるでしょう。しかし、きっと同じように再チャレンジして、できるようになるはずです。

一方、否定されたり、失敗を咎《とが》められたりし続けている子どもは、何かにチャレンジすること自体を恐れるようになります。そうなると自分自身を信じることも、自分の成長を感じることもできなくなってしまいます。

このジュースの話のように、1つひとつは小さなことでしかありません。しかし、**自己肯定感とそこから生まれる自信は、小さな頃の親の関わり方の中で、少しずつ育まれていく**のです。自信というのは「持ちなさい！」と言って、持てるものではありません。小さな頃からの積み重ねの中でしか、つくることはできないのです。

子どもの代わりに親が手を出すのは、忙しい方には手早く済んで得策かもしれません。しかし、子どもができるようにならないと、親はずっとやり続けなければなりません。親の時間だけでなく、お子さんの自己肯定感を養う機会も失ってしまいます。

指示待ち人間は否定から生まれる

じつは「指示待ち人間」は、このような否定の中でつくられていきます。指示待ち人間をつくるのは、とても簡単。相手がしたことに対して、「NO」と言い続ければいいのです。

例えば子どもがAをしたとき、「Aをしたらダメだよ」とダメ出しをします。すると子どもは一生懸命考えて、Bをします。すると、また親から怒られる。「Bなんて、ダメに決まっているでしょ」。

そうすると賢い子はどうすると思いますか？　「親の言う通りにやればいいんだ」

と考えるのです。親が「こうやりなさい」と言った通りにしていれば、絶対怒られないからです。このようにして親の指示を待つ、「指示待ち人間」が生まれてくるのです。

自己肯定感の低い親は子どもにどう接すればいいのか

では、親の自己肯定感がそもそも低い、という場合はどうしたらいいのでしょうか。この本を手に取ってくださった方の中にも、少なからずいらっしゃるかもしれません。まずできることは、親が子どもに対して不満を感じている部分を検証することです。例えば、「引っ込み思案で困る」「協調性がない」「整理整頓ができない」などです。

じつは、**「子どものここが不足している」と親が感じるところというのは、親自身が足りない部分に合致します。**子どもは親のダメな部分を拡大して、表現しているからです。子どものダメな部分にイライラしてしまうのは、それが自分自身の欠点であるということを、顕在的であれ潜在的であれ、親が感じているのです。

その部分を子どもに指摘する前に、自分自身がその問題と向き合ってください。もちろん一筋縄ではいかないかもしれません。しかし、自分がその問題に向き合うことで、わが子が持つ同じ問題を指摘しなくなります。それだけでも、お子さんにとっては大きなプラスです。親が子どもに感じるマイナス面を、自分ごととして捉えることで、親子一緒に変わっていくことができるようになるのです。

科学者としての目線で考えるなら、子どもは人類のＤＮＡの担い手として、この世に存在していること自体に大きな意味があります。その子を産み育てている親というものは、社会の中でこの上なく重要な仕事を担っているわけです。自己肯定感が低くなってくると、親も子も「自分の存在価値は何か」という哲学的な問いにぶつかることがあるかもしれません。

しかし、**究極的には生まれてきて、この社会の中で生きていること自体に、意味があることは間違いありません。**自己肯定感が揺らいだときには、ぜひこのことを思い出してください。

07 人間は本能的に意識しないと子離れできない

前の項目で自己肯定感が揺らぎやすいタイミングの一例として、男性の定年後を挙げましたが、母親の場合はお子さんの中学入試後が最初のターニングポイントになります。特に中学受験をされる母と息子というのは、それまで二人三脚で取り組み、2人がピッタリとくっついていることが多いからです。

子どもの親離れを邪魔しない

人間を動物として考えると、第二次性徴が始まる中学生くらいから、親離れをしないといけません。ですから私は開成の合格者説明会のときには、お母さんたちに向かって次のように話をします。

「みなさんの密着した子育て、本当に素晴らしかった。よく頑張りましたね。だけど、それは今日で終わりです。密着した子育てからのご卒業、おめでとうございます」

みなさん、ざわざわされます。それはそうです。大切な息子と2人で勝ち取った合格です。お母さんにとって、息子はいわば勲章のようなもの。それを、いきなり手放すように言われるのですから。昔はこれに上乗せして、「みなさん、お子さんにもう密着する時期は終わりました。またご主人の元にお帰りください」と言っていたのですが、かなり引かれるので、最近はそこまでは言わないようにしています（笑）。

息子の合格は母親にとっては大きな成果ですし、快感でもあります。そうなると、そこから離れられなくなってしまう方がいます。中学受験でしてきたように、その後もずっと息子にかしずいてしまう方がいる。子どもの親離れという本能を押さえつけるほど、子どもを自分の側に強力に引きつけてしまうのです。

ここで子離れできなかったために、後々まで同じ関係性を引きずり、年老いていくことがあります。最近よく聞く、「８０５０問題」はその典型例でしょう。80歳の親が50歳の引きこもりを抱えている、というものです。そうなると親は死ねません。親が死んで年金がなくなったら息子は生きていけませんから、死んだとしてもミイラになるまで置いておかれる。文字通り「死んでも離れない」という恐ろしい状態です。

人間を動物として考えると、やはりＤＮＡの担い手として、次の世代をつくっていかなくてはなりませんし、それ以前に大人として自立してくれないと困ります。そのための第一歩は思春期ですから、ここは親がしっかりと「子どもを手放す」と意識しなければなりません。

「子離れの本能」というものはない

なぜ、子離れはこれほど難しいのでしょうか？

それは**私たち動物に「親離れ」という本能はあっても、「子離れ」という本能が備わっていない**からです。お母さんは、ご自身の子どもの頃を思い出してください。何歳くらいまでお父さんとお風呂に入っていましたか？ たいてい、小学校3～5年生くらいだと思います。そのくらいになると、お父さんとお風呂に入らなくなります。

その理由を覚えていますか？ きっと「なんとなく」という方が多いはずです。ここに論理的な理由はありません。言うなれば、これは本能によるものだから。動物としての本能が、父親と裸で接するということを止めているのです。これは近親相姦を防ぐためです。

人間という種が誕生して長い世代を経る間に、近親相姦によって次世代のＤＮＡに不都合が生じ、それを続けていくと子孫が絶えていくメカニズムがあることがわかりました。つまり、結果として今生き残っている私たち人類というのは、本能的に近親相姦を避けてきた種なのです。そのような本能を持たない種は、淘汰されてきた。そのため子どもには、「親離れ」という本能が組み込まれているのです。

しかし、親のほうに「子離れ」の本能がないのはなぜでしょう。同じように近親相姦を避けるためなら、あってしかるべきではないでしょうか。それには寿命が大きく関係しています。動物の多くは、次世代が大人になる頃には寿命が尽きるようになっています。カマキリを例にとれば、次世代の卵の栄養になるために、メスに食べられてしまう（笑）。次世代が大人になる頃に親はいないというのは、自然界では特別なことではありません。

ところが人間は幸いなことに、寿命が長くなりました。子どもが大人になってから、60年も80年も生きるようになったのです。しかし、それはつい最近のこと。ですからそのための本能は、私たちには用意されていないのです。

このように考えると、**次世代の自立を促すためには、親の世代は意識して子離れを**

しなければならないことがわかります。本能に委ねることができないからです。人間というのは、動物としての本能の部分を色濃く残していると同時に、脳を使って意識しなければならないことがあることがわかります。本能と意識とを両方うまく使っていかないと、うまく子育てができないのです。

子どもが親離れの様子を見せたら、親は意識的にうまく距離をとるようにしてください。かわいい大切な息子さんに対して、そのように振る舞うのはつらいことかもしれませんが、それが息子さんを自立した大人にするために大切なことなのです。

08

親は同性より異性の子に甘いと自覚すべし

思春期以降、同性の子どもに対する態度と、異性の子どもに対する態度に、差が出るようになります。母親は息子に甘くなりますし、父親は娘に甘くなる。それが腫れ物に触るような態度になってしまうこともあるでしょう。

第二次性徴を迎えると、体つきがだんだん変わってきます。それと同時に、子どもの意識も変わってきます。その変化を前に、親は異性の子どもに対して戸惑うことが多くなります。

例えば父親にとっては、娘が女性らしい体つきに変わること自体が戸惑いのもとです。急に避けられたりするようになると、どう対応していいかわからなくなってしまいます。娘が足を開いて座っているのを、注意できなくなったりする。

一方、同性の母親は「ほら、足開いて座らないの！」と当たり前のように注意することができる。それは過去に自分が歩んで来た道であり、心身ともに娘の中でどのような変化が起こっているかがわかるからです。

母親は息子にさらに甘くなる

息子に対して、母親が甘くなってしまうのも同じです。息子の中で、どのような変化が起きているのかわからないために、うまく注意できなくなってしまう。何気なく口にした言葉に、強く反発されるようなことが続けば、なおさらです。

その一方で声が低くなり、ヒゲも生えてくるようになると、母親は昔の恋人が再び

現れたような気持ちにもなるかもしれません。わが子に対する無条件の愛おしさに加えて、恋人のような要素が出てくれば、それだけで息子に甘くなるには十分です。

息子さん、娘さんをお持ちのお母さんは、娘さんに「お兄ちゃん（弟）に甘い！」と言われたことはないでしょうか。きっと多くのお母さんが、そんなふうに娘に思われているはずです。

母親が息子に非常に甘くなり始めた頃、息子は親離れをしようとします。それが母親の喪失感を大きくするのです。しかし、ここを乗り越えないと、お子さんは自立に向かうことができませんから、**母親のほうも意識的に息子と離れる努力をしなければなりません。**

ただ、「甘やかす」ということは、決して悪いことばかりではありません。甘やかすとは、「常に相手を受け止める」「相手の要望に応える」ということです。子どもを受け止め、求められるものを与えようという姿勢を甘やかすというのであれば、それはとてもいいことだと思うのです。

子どもには、自分を無条件に受け止めてくれる存在が必要です。乳幼児のときにそうだったのと同じように、思春期であってもそれは変わりません。**息子さんに甘い部分が、「相手を受け止める」という姿勢かどうか、お母さんは確かめてみる必要がありそうです。**

09 思春期の息子は話さないのが当たり前

中学生のお子さんを持つ母親のママ会で行われていることの1つは、情報収集です。息子を持つお母さんたちが「今、学校で何が起こっているのか」を、クラスメートの女の子のママ友に一生懸命質問しています。なぜなら男の子は、学校での話を少ししかしないか、全くしないかのどちらかだからです。母親が学校のことを尋ねても、「べつに」「特にない」「楽しい」の一言。これでは、何が起きているのかわかりません。

しゃべってくれない息子との接し方

思春期の男の子は、基本的にはベラベラしゃべらないものです。ここは女の子とは大きく違います。女の子は話をすることで、日頃のストレスを発散したり、話をするプロセスの中で解決策を見つけたりします。自ずと学校の中の話が、母親に伝わります。ですから女の子の母親というのは、学校での様子をありありと思い浮かべることができますし、何が学校で起こっているのかも、かなり正確に把握しています。

しかし、男の子にはそのような傾向はありません。話すことでストレスを発散することも、解決策を見つけることもありません。何かが変わるということがないのです。そして、**「話すのであれば、きちんと全部説明しなければならない」という感覚を持っています。そう考えると、話をすることが面倒になってしまう**のです。

例えば、部活に「新入部員がボール磨きをする」という不文律があるとします。そのために、白い体育着が毎日真っ黒。洗濯担当の母親は「サッカーしているのに、なんでこんなに上の体育着が汚れるの?」と聞いてきます。このような質問に対して、いちいち説明するのはとてつもなく面倒に感じます（女の子なら一瞬のうちに説明すると思いますが）。

万が一、きちんと一から説明したとして、それに対して「別にあんたがやらなくてもいいんじゃない？」などと言われたら、とてつもない徒労感を感じてしまうのです。「（俺が生きているのは、そういう世界なんだよ！）」と。

男の子はしゃべらないのが当たり前。それくらいに思っておいたほうが気がラクです。決して、わざと黙っているわけではないのです。

10 親が志望校にネガティブにならない

親にとっては、謙遜の1つなのかもしれませんが、わが子が入学した学校を悪く言う方がいます。お子さんの成績を、まるで自分の成績のように考えている母親にとっては、もしかするとご自身に対する謙遜のつもりかもしれません。あるいは、第一志望校に受からなかったことを、心底落ち込んでの発言の場合もあるでしょう。

もちろん入学試験で落ちるのは、非常にしんどいことです。これは大人も子どもも同じです。私も人生を重ねて、自分がチャレンジしてきたことの成功確率を振り返ってみると、だいたい3割という感じです。これは、別に卑下しているわけではありません。野球なら3割打てれば上等、素晴らしいことです。

1割しか成功しないチャレンジ失敗に備える

中学受験というのは、多くの子どもにとって、初めての大きなチャレンジです。そして、非常に厳しいチャレンジでもあります。夢見た志望校に行ける子はだいたい1割。ですから、9割の子は悔しい思いを抱えて、第一志望以外の学校へ進学するわけです。

チャレンジには常にリスクが伴います。特に中学受験のように、1割ほどしか成功できないチャレンジの場合、親は子どもの自己肯定感が揺らぐことがないように、あらかじめ準備しておかなければなりません。1割しか成功しないチャレンジなのですから、9割側に回ったときの態度を固めておくことは必須です。

第一志望以外の学校を、親が否定するという態度は論外です。それでは頑張ったお子さんが報われません。それだけリスクのあるチャレンジをしたのですから、その頑張りを認めないといけません。そのリスクがどういうものなのかを、失敗したときにどのように対応したらいいのかを、親はチャレンジする前に考えておかなければなりません。

受験であれば、落ちたときに子どもにどのように声をかけるか、第一志望以外の学校に行くことに決まったときに、どのように背中を押すか。これは絶対に必要なことです。なぜならそれは、お子さんのこれからの生活と成績に関係してくるからです。

第一志望に落ちたことを親がめげている場合ではない

入学した学校以上に大切なことは、お子さんがその学校になじめるかどうかです。学校に満足し、居心地よくいられるかどうかによって、子どもの成長は大きく変わります。

いろいろな学校の教員の間で、中学受験時の成績と高校卒業時の到達度に、ほとんど関連がないことが話題に上ります。関連しているのは「入学してから1年後の成績」と高校卒業時の到達度です。**入学1年後の成績が良いということは、その学校の授業や勉強の仕方、人間関係に早くなじむことができたということ。**入学してから1年の間に、のびのびと学校で過ごすことができたか。そして自分の力を発揮することができたか。それが、その後5年間の成果の指標になるわけです。

このことを鑑《かんが》みると、第一志望以外の学校に進学する子どもが、いかに気持ちよく学校に通えるかどうかはとても重要です。第一志望に合格し、期待に胸を膨らませて入学する子より、学校への愛着は持ちにくいかもしれません。そうであれば、なおさら親がフォローし、縁があった学校でお子さんが気持ちよく過ごせるようにしましょう。子どもが1日も早く学校になじむことができるように、親は手を尽くすべきなのです。

親が第一志望に落ちたことを引きずっていては、お子さんも新しい学校になじむことはできません。第二志望以降の学校でうまくやっていけないとしたら、特に中学受験では子ども以上に親の責任なのです。

私は志望校を決めるときには、例えば「受験する3つの学校は、どこもとてもいいところだから、そういう意味では、第一志望、第二志望、第三志望はないんだよ。受験するということは、受かればその学校に行くんだから」というように、話をしておくといいと思います。はじめから「受かったら、このうちのどこかの学校に通うんだ」と子ども自身が考えておけば、たとえ第三志望でも、それほどがっかりすることはないはずです。

中学・高校受験というのは、子どもが将来的に自分で稼いで生活していくための過程でしかありません。そこにたどり着く前に、親がめげている場合ではないのです。

11 子どもがロールモデルを見つける場を設ける

開成に入学してくる子どもたちは、自己肯定感が比較的高いかもしれません。小学生時代はトップクラスだったことでしょうから、成績という大きな柱が彼らの自己肯定感を支えてきたわけです。

ただ、成績にだけ支えられた自己肯定感は意外ともろいのも事実です。開成入学後の5月半ばには、中間試験があります。そこではクラスの中で1番から43番まで、容赦なく順位がつきます。実際、今まで見たことのない成績にびっくりする子も多いのです。そこで、子どもたちが潰れてしまわないように、私たちは入学当初から様々な取り組みをしています。

ロールモデルを探そう

開成では、新学期のはじめに行事や部活動を通じ、高校生まで含めた先輩と触れ合う場を多く設けています。それは、**ロールモデルとなる先輩を見つける**ためです。

最初の機会は、4月に行われる筑波大附属高校とのボートレースです。戸田のボートコースで開催されるこのレースでは、高校3年生の応援団が中学1年と高校1年の編入生に校歌と「ボートレース応援歌」を指導し、大応援団を結成します。ここで新入生は先輩たちと活動をともにし、開成の一員となったことを実感します。

次の機会は、5月に行われる運動会です。中1から高3までが、8つの組に分かれて競い合います。高3が中1の面倒を見ることになっており、その活動の中で新入生は学校でやるべきことを見つけていきます。入学したばかりの、まだ小学生の面影を残した中1の生徒にとって、高3男子などもう大人（笑）。そんな先輩と一緒に競技に打ち込む中で、憧れも生まれてきます。

その先輩たちと、「最初のテストなんて関係ねーよ」「成績悪くても、びっくりするなよ！」「俺、ビリでマジびびったわ（笑）」といった会話をしておくと、「成績が悪くても、そんなに気にすることはないんだ」「成績だけが大事なわけではないんだ」ということが、わかってくるようになるのです。

中高一貫校の良いところは、先輩というロールモデルを持てることです。ずっと運動会の準備に打ち込んでいた先輩が、高3の運動会が終わった後から本格的に勉強したら東大に受かった。サッカー部で高2までレギュラーで活躍していた先輩も東大に合格した。そんな先輩たちが当たり前のように周りにいると、自分のこれから先の道がなんとなく見えてきます。

東大に行くということも、もはや特別な話ではなく、身近なありふれた話となるのです。「あの先輩みたいにしていれば、自分も東大に行けそうだな」というイメージを持つことができます。これは非常に大切なことです。

私たちは受験に限らず、チャレンジする際のハードルを無意識のうちに上げたり下げたりしています。「東大に行くことはとても難しい」と考えていれば、そのチャレンジのためのハードルははるかに高くなり、超えるのがとても難しくなります。

しかし、**「みんな超えている」と思えれば、目の前のハードルはそれほど高くは見えません。その意識がチャレンジするかどうか、そしてそれを超えられるかどうかに大きく関わってくる**のです。

学校の中で、ロールモデルが見つからないこともあるでしょう。その場合は、広く外を見渡してみてください。**ロールモデルというのは、自分が熱中していることの中から見つかるもの**です。真剣に取り組んでいるものにおいて、自分の上をいく先輩がロールモデルになりやすい。

そういった意味で、すでにそういう人を見つけている生徒も多いものです。例えば少年野球を熱心にしてきた子であれば地域の野球部の先輩やコーチ、水泳を頑張っている子であればコーチや先輩の選手など。学校内だけで見つける必要はありません。

開成に入ったある生徒は「小学校のときのサッカークラブで、6年生の秋までレギュラーで活躍していた先輩が開成に入った。それなら僕もと思い、サッカーと勉強を頑張った」と言っていました。学内に限らず、息子さんが好きなことに熱中できる環境があれば、自然とロールモデルは見つかるものなのです。

思春期に受けた影響で人生は動く

子どもに影響を与える周囲の人というのは、年齢に応じて変化します。幼い頃は親の影響がほとんどすべてであるのに対し、小学校では先生の影響も受けるようになります。そして反抗期を迎える頃には、残念ながら親の影響は限定的となり、先輩、後輩を含めた広い意味での友人が、その影響のほとんどを担うことになります。

昔から良い友人に囲まれることの大切さを説く言葉として、「朱に交われば赤くなる」と言われてきましたが、思春期は特にそうであると言えるでしょう。**中学、高校の6年間を、どのような環境でどのような友人と過ごすかは、私たちが思っている以上に、その子の人生に大きな影響を与える**のです。

学校を選ぶときには、ぜひそこに在学している生徒たちをよく観察してください。息子さんに将来大きな影響を与える先輩としてふさわしいか、という目で見ると、学校選びもまた変わってくるかもしれません。

12 「自分でやった」と思える機会をたくさん与える

子どもの自己肯定感を高めるために、開成が行なっていることは他にもあります。それは生徒たちが、「自分でやった」と思える機会を多く用意することです。この**「何かを成し遂げた」という気持ちは、自己肯定感を育むのに最適なものです。**

中学1年生は、入学後の6月に相模湖、富士での学年旅行があります。ここでは初対面の友人と飯盒炊爨《はんごうすいさん》をします。協力してカレーライスをつくらないと、昼ご飯が抜きになる仕掛けがあり、仲間と助け合うことの重要性を体験します。これは手始めです。2年生からは旅行委員会が立ち上がり、「どこに行くか」から議論を始めます。

生徒たちに行きたい場所のアンケートを取り、いくつかのグループが立会演説会に臨みます。行き先は投票で決まるため、どのグループも必死です。いかに自分たちが示す場所が素晴らしいかを、趣向を凝らしてプレゼンするのです。

みんなの票を集めることができれば、好きな場所に行けるわけです。同じ鎌倉に行くにしても、学校が決めてただ参加するのと、自分たちが努力して勝ち取って旅するのでは、楽しさは全く違います。そして、このように自ら考えて実現することの面白さを体感すると、いろいろなことを自分たちで決めてやり出すようになるのです。

子どもの側で見守って、やらせてみよう

教師の仕事は、それを見守ることです。生徒たちが「自分たちで企画して実行した」と思えるように、側にいるだけです。もちろん教師が進めたほうがラクで早い、と思うことはたくさんあります(笑)。しかし、それをしないのが開成の教師の仕事です。「手

を出さない。口を出さない。目で見ている」というのが私たちのモットー。

そう、まさに孫悟空のお話と同じです。孫悟空はキン斗雲に乗って好き勝手に暴れていますが、それはお釈迦様の広い広い掌の上だけ。本人の気がつかないところで、安全が確保されているのです。生徒たちは開成という大きな掌の上で、好きに活動できる。社会に出る前に、そこで必要な経験をしっかり積むことができるのです。

人を育てるために、「やらせてみる」ことは非常に重要です。それは社会に出てからも変わりません。サントリーの創業者、鳥井信治郎氏の口癖は「やってみなはれ」。提案されたことに、まずこのように答えていたと言います。そして、しばらく経ってうまくいかない場合には、「やめてみなはれ」と。

入口のところで否定していたら、誰も何も考えなくなってしまいます。考え抜き、実行した結果がたとえ成功と結びつかなくても、それを実行した人は大きく成長することができます。それが長い目で見れば、企業にとって大きなプラスになることがわかっていたのでしょう。百年を超える企業には、このような人材育成のための指針があったのだと思います。

日本人はよく「問題を解くことはできるが、つくることはできない」と言われます。それはそのような機会を持たなかっただけのこと。中学生、高校生のうちにできるだけ「自分でやる」という経験をすることで、その能力はついていくものです。このように**自分でやるということを繰り返すことで、自己肯定感も高まっていく**のです。

13 勉強以外に大切にしている価値観を見守る

開成のいいところは、「オタク」が浮かないことです。開成出身で、現在指揮者として活躍されている方がいます。彼は小学校時代、休み時間にずっとタクトを振っていたので、変わった子と思われて浮き上がり、学校に行くのがイヤだったと言います。一方、開成では休み時間にタクトを振っていても、誰も何も言わない（笑）。音楽部に入って、思う存分自分の力を発揮することができたそうです。その後は芸大に進み、現在も指揮者として大活躍しています。

この「オタクが浮かない」という雰囲気は、とても大切なものです。私たちはあらゆる場面で、「勉強ができることは、数ある評価の中の1つに過ぎない」ということを示すようにしています。トップの成績を取ってきた生徒ばかりが集まっている開成において、この価値観を示しておくことは必須です。

実際に、自分のどの部分に価値を置くかということは、人によって違うものです。きっとみなさんもそうだと思います。自分の中で大切にしていることは、他の人と違いますよね。それは子どもも一緒です。**今まで気がつかなかった、勉強以外に自分が大切にしている価値観に気づかないといけません。そうしなければ、健全な自己肯定感を持つことはできない**からです。

自分で自分に価値を見出せるかどうか

それは何も、賞を取るとか、1位になることが必要なわけではありません。例えば運動会や文化祭の実行委員である、図書委員で誰よりも本を読んでいる、応援団として熱心に活動している、誰よりも電車に詳しい、部活の部長をしている、生徒会で活動しているなど、なんでもいいのです。要は「その子が熱中し、集中できることに、自分で価値を見出せるか」ということです。

このように自分の好きなことに価値を置くことができれば、隣に数学オリンピックで1位を取る生徒や、トリリンガルの生徒がいても、「あいつは数学」「あいつは語学」などのように、自分とは分けて考えられるようになります。

このような生徒がゴロゴロいる中で、いちいち自分と比べていたら、精神が持ちません。これは社会に出ても同じです。自分よりはるかに優れた人を見つけるたびに比較していたのでは、苦しくなるばかりです。

私も開成の卒業生なので、この感覚は非常によくわかります。「頭じゃ、あいつにかなわない」という同級生は、それこそ何人もいました。でもそれによって、落ち込むことはありませんでした。むしろ、「あいつはいったいどういう頭をしているんだ？」くらいに思っていましたから（笑）。私は生徒会活動や文化祭準備委員会で委員長などをやり、その忙しさの合間に勉強をしていました。

開成には自分の好きなことを、部活や同好会にできる環境が整っています。部活や同好会が合わせて70ほどあり、ユニークな活動もたくさんあります。折り紙研究部、模型部、ジャグリング部、俳句部、手品部、ブーメランを飛ばそう同好会、ピタゴラ同好会、海馬研究会など。**自分はこの部分で活躍できるという感覚は、自己肯定感そのものですし、それが何かをする際の自信にもなる**のです。

オタクである息子さんを心配している親御さんも多いようですが、これからはオタクが活躍する社会となります。何かに突出している人が、イノベーションを生む時代だからです。何かに夢中になれるということは、その子の能力でもあります。安心して見守ってあげてください。

コラム

なぜ息子の着ていた服はクサく感じるのか？

お母さんたちは中学生くらいの頃、「お父さん、クサい！」と思ったことはありませんか？　たいてい、そのように思うはずです。じつは、クサくないと困るのです。これは近親相姦を防ぐための、1つの装置だからです。

体臭というのは、白血球型で決まります。白血球には6つの遺伝子の型があり、3つは父方から、3つは母方から遺伝します。そして、この組み合わせが違えば違うほど相手の体臭が心地よく、近ければ近いほど異臭に感じられます。

昔から「東男に京女」のように、住んでいる土地が離れているカップルはいいカップルだと言われますが、これは科学的に考えても正解です。物理的な距離が、遺伝子的な距離にもつながっていたからです。白血球型が多様であれば、それだけ免疫機能も多様になるので、感染に対して強い抵抗力を示します。

徒歩で移動していた頃の距離感覚から言えば、江戸と京都は今の東京とニューヨークくらい離れています。そのような距離では、「東男に京女（もしくは東女に京男）」のカップルが多く誕生することはありませんから、この2つのグループは遺伝子的にも遠い状態が続きます。

ですから、何かのタイミングで出会った遠くの場所で育った2人は、遺伝的にも離れているため、非常に良い組み合わせとなります。遺伝的に離れているために、相手の体臭を心地良いと感じる率も高くなります。「異性の体臭が心地良い」ということが近親相姦を避け、種としての多様性を維持するために機能しているのです。

お母さんたちは、思春期の息子さんの衣類がクサくてたまらないのではないでしょうか？ それでいいのです。自分に遺伝的に近い家族の体臭は、クサく感じて当然です。ですからそこは諦めて、しっかりと洗濯をしてあげてください。

第3章

男の子の「自己肯定感」の高め方

14 「これはダメ」より「これがいい」

これまで、「思春期男子の自己肯定感とはどのようなものか」ということをお伝えしてきました。ここからは、具体的にそれを「どう伸ばすか」を考えていきます。

すでに大きくなったお子さんの自己肯定感を育てることは、難しいように思えます。しかし、そんなことはありません。さまざまな刺激に敏感な年代だからこそ、小さなアクションでも大きな影響を及ぼすことができるのです。

息子に「ダメ」と言わない

私がまずお伝えしたいのは、**「ダメ」と言わない**ことです。思春期を迎えたお子さんの自己肯定感を育てるのに、何から始めたらいいか迷ったら、まずここから始めてください。なぜなら親御さん自身が自覚している以上に、息子さんへのダメ出しをしているはずだからです。

「ダメ」という言葉について、ちょっと考えてみましょう。提案する側というのは、自分の周りに存在するあらゆる可能性の中から、1つを選んで提示します。それが10個、50個、100個、無限に、という場合もあるでしょう。それぞれの可能性の良し悪しを検討した上で、通常1つの案に絞るわけです。

みなさんも仕事で何か提案や企画をしなければならない場合、テーマ、予算、納期、人材など、あらゆる要素を勘案して、1つの提案にまとめているはずです。料理にも似たような部分があります。素材、切り方、調味料、調理法など、無限にある中から方法を決めて、1つのおかずを仕上げるわけです。提案というのは、無限の可能性から1つのものを取り上げる行為と言ってもいいでしょう。

一方、ダメ出しはそうではありません。上記の過程を経て提示された1つのものに対しての可否を、上から判断するだけです。たった1つのことだけを考えればいいのですから、これは提案と比べればとても簡単なことです。

ですから私は、昔からただダメ出しをするだけの人は信用しないようにしています。これほど単純で、配慮を欠いたものの言い方はないからです。もし、手間暇かけてつくったおかずに、旦那様から一言「まずい」と言われたらどうでしょう……。ダメ出しされる息子さんも、そんな気持ちになっているのです。

ダメ出しせねばならないときの2つのコツ

もちろん、息子さんが何か提案してきたときに、ダメ出しをしなければならないこともあるでしょう。その場合にできることは2つあります。

1つは、**提案のいい部分を認める**こと。
もう1つは、**代案を出す**ことです。

ダメと言うからには、「良いこと」がわかっているはずです。そうであるならば、親自身が考える良いことを必ず伝える。それがフェアなやり方です。「この部分は面白いけど、こっちのほうがいいと思うよ。だって、この部分で優れているから」という会話ができれば、息子さんも納得するはずです。頭ごなしのダメ出しでは、親子ともに考える機会を失ってしまいます。

日本では、単なるダメ出しが「あの人ははっきりものを言う」というように、肯定的な評価を受けることがあります。これは馬鹿げたことです。代案のないダメ出しが、新しい物事を生み出すことは決してないのです。
「ダメ」が思考と関係性を閉ざすということを、覚えておいてください。

15

子どもは垂直に比較する

子育てにおいて、比較することはいけないと言われがちですが、それは比較の仕方が間違っているからです。たいていの場合、私たちは子どもを、兄弟、友達、過去の自分などと比べてしまうものです。このような比較が、お子さんにとってプラスになることはありません。

私は親御さんには、「子どもは垂直に比較してください」とお伝えしています。これは、その子自身の3日前、1ヶ月前、3ヶ月前、半年前、1年前と比較するやり方です。過去の状態と比較して、よくなった部分を具体的に褒めていきます。つまり比較対象は、常に過去のお子さん自身というわけです。

人間は千差万別ですから、成長の早さには凹凸があります。ある部分が早く成長しても、ある部分は遅いということは、普通にあるものです。幼い頃を振り返っても、立ち上がるのは早かったけど言葉は遅かった、文字を書くのは早かったけど計算は苦手だった、など違いがあったはずです。

他人と比べてもプラスにならない

私たちはともすると、優秀な兄弟や友達、いもしない理想の子どもと、わが子を比べてしまいます。それでは、子どもは苦しくなるばかり。**比べるなら、過去のその子と比較して、前よりもよくなったところを見つけてあげてください。**そうすればお子さん自身が自らの成長を確認でき、それが自己肯定感や自信につながってきます。

このことは、じつはみなさんやってきたことなのです。赤ちゃんのときには、「寝返りができるようになった!」「ハイハイできるようになった!」「つかまり立ちができるようになった！」など、お子さんの垂直の成長の中に喜びを見出していたはず。いつしかこの気持ちを忘れてしまい、他人との比較に躍起《やっき》になってしまっているのです。

お子さん自身、たいてい自分の苦手なことはイヤというほどわかっています。それを親にまで言われたのでは、気持ちの持っていきようがありません。足が遅い子に向かって、「お兄ちゃんはリレーの選手だったのに……」「お父さんは小学生の頃、いつもアンカーだった」などと話したところで、その子にとってなんのプラスにもならないどころか、自己肯定感を大きく下げるだけです。

その子自身、何も言われなくても、「足が遅い」ということに関するコンプレックスをイヤというほど感じています。わざわざ周りが、それを言葉にする必要があるでしょうか。

伸びたところを具体的に褒めよう

親ができることは、リレーの選手になれないことを嘆いたり、徒競走の順位を比較したりすることではなく、「去年より練習のタイムが上がってるね」などと、具体的に褒めることです。去年の100メートル走の記録をメモしておいて、それから何秒伸びたかなど、数字で伝えられるといいですね。

このように具体的に褒めると、子どもは容易に納得することができます。そのために必要なのは、**お子さんのことをよく観察しておくこと。**そうしなければ、小さな成長（でも、子どもにとっては大きな努力の賜物《たまもの》）に気がつかないかもしれません。

自己肯定感や自信をつけさせるために必要なのは、その子を垂直に比較し、向上している部分を見つけて、具体的に褒めることなのです。

16 子どもを「褒める」ことは親の価値観を伝えること

親が褒めるということに関して言えば、それは道徳を伝えることにもつながります。つまり、親の価値観です。**褒めるということは、親が「望ましい」と思っていることを、子どもに示す行為なのです。**

例えば、今まで汚かった部屋が最近ちょっとキレイになってきた場合、「最近部屋がキレイだね」と伝えることは、親にとって、あるいは社会にとって「整理整頓しておくことはプラスである」という価値観を伝えることになります。逆に今までキレイだった部屋が最近汚くなってきた場合、この変化を褒める親はいないはずです。

ですから、褒めるということは、価値観を伝えることでもあるのです。親が子どもを褒めるときには特に、この部分を意識しておかなければなりません。

成績ばかりを褒める家と、周囲の人のためにしたことを褒める家では、その子の価値観は自ずと変わっていきます。前者の家の子どもは「いい点を取る」という行動が強化されるのに対して、後者の家の子どもは「人に優しくする」という行動が強化されていきます。親の価値観は、このように子どもに根づいていきます。昔から、「子は親の鏡」と言われる所以《ゆえん》です。

垂直比較で褒められるのは親の特権

子どもに名前をつけるとき、みなさんも「こんなふうに育ってほしい」という願いを込めたはずです。しかし、それ以来忘れているなんてことはないでしょうか。じつはその願いは、日々の「褒める」という行動の中で、実践することができるのです。

「なかなか褒めるところが見つからない」という話もよく聞きますが、それは親の観察力が足りないからです。今の瞬間だけ見ているから、見つからないのです。

先ほどお話ししたように、褒めるためには、子どもの過去の状態を思い出さなければなりません。それはやはり面倒なもの。目の前の状態だけを扱ったほうが、ラクに決まっています。

しかし、考えてみれば、核家族化した社会で垂直に比較して褒めることができるのは、子どもの成長をずっと見ている親しかいません。垂直比較で褒めることができるのは、親の特権。**「前はできなかったのに、こんなにできるようになった」と褒めることができるのは、親だけなのです。**

「うちのバカ息子が～」は言わない

私が親御さんにお子さんのことを褒めると、「いえいえ、うちの子は本当にダメで」と謙遜する方が多くいます。日本にとって謙遜の文化は必要なものとして機能してきました。しかし、それを理解するためには、日本で育つ、外国に滞在していたとしても日本文化の中で育った親の元で育つなど、親和性がある程度なければなりません。それがない子どもにとっては、親が「うちの子は本当にバカで」「全く運動神経がなくて」などと他の人に話しているのを横で聞いていたら、自分はけなされていると思い傷ついてしまいます。

お母さん方にとって、どうやら「ダメな息子」というのは鉄板ネタで、それだけでママ会が盛り上がるそうです。しかし、これを息子に聞かれてはいけません。少なくとも、息子が謙遜の文化をしっかりと理解できる年齢になるまでは、言わないのが懸命です。なぜなら、せっかく育てた自己肯定感が、何気ない一言で失われてしまうことがあるからです。

同じような理由から、旦那様の悪口もお子さんの前で言わないほうがいいでしょう。息子にとって、父親は一番のロールモデルです。それを否定されると、子どもはロールモデルを失ってしまいます。子どもが大きくなってくると、何気なく大人の会話をしてしまうものですが、やはり子どもの世界と大人の世界は、完全に切り離して考えるほうがいいのです。

17 加点法の価値観を身につけさせる

お伝えしてきたように、ただ「ダメ」と言うだけでは、子どもの中には何も残りません。「Aのどの部分がよくて、どの部分がダメだったのか」、または垂直比較を用いて「これができるようになった。でもこうするともっとよくなる」という伝え方ができれば、「こんなふうに工夫して、続ければいいんだ」と考えることができます。

普段の生活の中で、自分で考えて行動したことに対して、ダメ出しばかりされるとしたら、「もうやらなくていいや」と思うようになるものです。

「イエス、バット構造」でアドバイスしよう

良い部分を伝えた後に、改善点を伝えるアドバイスの仕方であれば、子どもは気持ちよく受け入れることができます。私は、この言い方を「イエス、バット（Yes, But）構造」と呼んでいます。

息子がまだ小さかったとき、母の日のために幼稚園で描いた絵を私に見せに来たことがありました。頑張って母親の顔を描いているのですが、背景は白いままです。「うまいね。でも、背景を塗ったらもっとカッコよくなるよ」。

すると次に父の日のために描いた絵では、背景が塗られていました。「お、背景を塗ったんだね。カッコよくなったな。今度は髪の毛をちゃんと見て描いたら、もっとよくなるよ」。こんなふうに、**まず褒めてから、1点だけアドバイスをする**のです。

大切なのは「1点だけ」というところ。2つも3つも言われたのでは、子どもは改

善する気を失ってしまいますし、頑張ってもできなかったら自分にがっかりしてしまうかもしれません。そうならないためにも、アドバイスは1つにとどめます。それを改善してきたら、その頑張りをしっかり認めてあげる、というプロセスを踏むのがいいのです。

イエスの部分はどんなに長くても構いませんが、バットの部分は短く1つ。**長い注意は頭に残りませんし、子どものやる気を奪う**からです。アドバイスが必要ならば、この「イエス、バット構造」を使ってください。

親がこのような伝え方をしていると、子どもも同じように他人に接することができるようになります。常に、相手の良い部分を見つける。意見には反対でも、まず相手を認めてからにする。このような「加点法の価値観」は、人と協力して何かを成し遂げるためにも、円滑な人間関係を育むためにも必要な要素です。

7割で満足しよう

親の基準で子どもを見ると、子どもがしていることは、完璧からはほど遠く、改善点はいくらでも見つかります。それはきっと、夫婦関係でも同じでしょう。例えば、ご主人が掃除をしたとき。あそこにごみが残っている、こっちに埃が残っている、と奥さんは気になって仕方ないかもしれません。「なんで四角い部屋を丸く掃除するのよ！」などと言われると、あっという間にご主人はやる気を失います（笑）。このような減点法では夫は育ちません。

息子育ても、夫育ても、部下を育てるためにも大切なことは、「7割で満足する」ということです。自分ができることを人にさせるわけですから、完璧を期待してはいけません。まずは7割できたことを認める。そして先の「イエス、バット構造」を使って、1点だけアドバイスしましょう。

18 卵が孵化するまでの準備期間に声かけする

あらゆる成長には段階があり、次ページのグラフに示したような曲線を描くことが知られています。これは「成長曲線」と呼ばれるS字カーブで表され、みなさんも実感を持って理解できることだと思います。

例えば、ピアノのレッスンを始めたとき、最初は指もうまく動かず、練習してもなかなか思うように弾けるようにはなりません。そこをぐっとこらえて練習し続けると、気がつけばちゃんと指が動くようになっている。「この鍵盤がド、この鍵盤がファ」などと意識しなくても、自然とその鍵盤に指が動くようになっているのです。

成長曲線・学習曲線

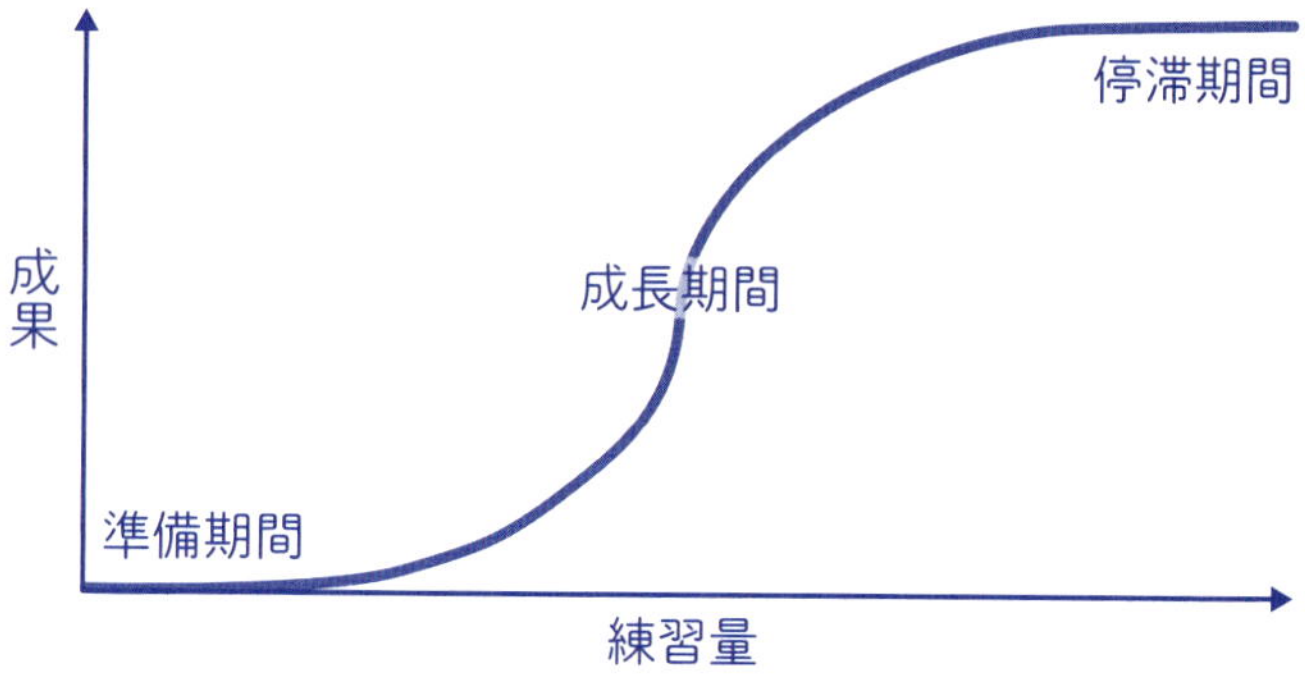

そうなると、いろいろな曲が弾けるようになりますから、目に見える成長が急激に起きます。ピアノでピンとこないなら、パソコンのキーボードも同じです。最初はキーの配列を意識していたはずが、今では自由に文字が打てているのではないでしょうか。

目に見えない「雌伏期間」を耐えよう

大切なのは、最初の準備期間です。この期間の成長は、自分にも周囲にも見えません。ですから非常につらい。「こんなに頑張っているのに、ちっとも成長しない」と感じてしまうからです。

この最初のグラフの真っ平らな準備期間は「雌伏《しふく》期間」とも呼ばれます。これは雌の鶏が卵を抱いている時期のこと。鶏は21日で羽化しますが、その間、外からは何の変化も見えません。しかし卵の殻の中では、大きな変化が起きているわけです。

最初はただの「黄味」でしかなかったのが、20日が近づくにつれて、殻の中の雛はしっかり成長し、ちゃんとクチバシも羽もできて、外に出る日を今か今かと待っているのです。同じような劇的な変化が、この最初の準備期間に起こります。それはピアノのように技巧的なものだけでなく、勉強や運動でも同じ。頭や体の中では、目に見えない変化が起きているのです。

準備期間に耐えられる声かけを

この準備期間に耐えられれば、次の劇的な成長につながるのですが、ここをこらえるのが厳しいために、挫折してしまう人が多いのも事実です。例えば英語のヒアリングなどは、勉強をスタートしてもすぐには聞こえるようになりません。

しかし、ずっと聞いていると、あるとき単語が1つひとつ分かれて聞こえるようになります。そこまでは、勉強している子どもも苦しい。そんなときに「ヒアリングの成績上がらないわねぇ」などとマイナス発言をされれば、子どもはやる気を失ってしまいます。

この準備期間こそ、親が適切な声かけをするタイミングです。鶏の雌伏期間の話をしてもいいですし、過去に子どもがした経験を例に出すのもいいでしょう。例えば、自転車。

「最初は補助輪がなきゃダメだったし、補助輪外したらよくひっくり返っていたよね。だけど、あるときからパッと乗れるようになったでしょう。それと同じことがヒアリングでも起こるんだよ」

そんなふうに伝えることができれば、子どもも「それならもう少し頑張ろう」という気持ちになることができるはずです。**親ができるのは、つらい準備期間に「ここを踏ん張れば、ちゃんと目に見える成長が起きる」と、口に出して伝えてあげること**なのです。

停滞期という名の壁の越え方

最初の準備期間を無事超えて、目に見える成長ができたと言っても、そこで終わりではありません。そのまま成長し続けてくれればいいのですが、そううまくはいかないものです。**必ずと言っていいほど、「停滞期」は訪れます。**これを人々は「壁」と呼びます。人によって壁の程度は様々ですが、ピアノであれば「曲は弾けるようになったけれども、うまくは弾けない」「発表会でミスしてしまう」「コンクールで勝てない」などになるでしょう。

そしてこの壁も、じつは最初と同じ準備期間なのです。壁で止まってしまえば、第

1段階の成長で終わってしまいますが、ここでもう一歩努力すると、次の第2段階に上がることができます。もちろんこの壁を乗り越えるのは、とても苦しい。しかし、一度でも成功体験があれば乗り越えられる。これが「自己肯定感」につながります。

「できなかったことが、頑張っているうちにできるようになった」という経験をしていれば、「たぶん、これももうちょっと我慢して頑張れば、できるようになるに違いない」と思うことができます。そう思えれば続けられる。そうすれば、同じように「気づいたらできていた」ということが起こります。

このように考えると、**何か1つでも成功体験があるということは非常に大切です。**自己肯定感を高め、自分に自信を持つことで、成功の波を乗りこなすことができるようになるからです。親の声かけは、子どもの準備期間にこそ必要です。結果が出たときに褒めるのもいいのですが、子どもにとって必要なのはむしろ、結果が出ていないときの声かけなのです。

19 負けるために上へ上へチャレンジさせる

子どもが育つ環境を整えることは親の役割の1つですが、特に重要なのが学校選びです。その際、男の子の親御さんが悩むのが、「鶏口がいいか、牛後がいいか」という問題です。つまり、レベルを落とした学校でトップになるほうがいいのか、レベルの高い学校でなんとか遅れないようについていくほうがいいのか、ということです。

この悩みは、スポーツが得意な子に多いようです。例えばサッカーの得意な子が学校を選ぶ際、「レギュラーになれそうな学校」にするか、「全国大会に出るような強豪校に行くか」。もちろん強豪校に行ってレギュラーになれれば問題ありませんが、それが厳しいとわかっている場合、子どもの自己肯定感の育成に良い影響を及ぼすのは、

どちらの学校でしょうか。

一見、レギュラーになれる学校に行ったほうがいいように思えます。しかし、そうではありません。息子さんが本当にサッカーが好きなのであれば、強豪校に進み、そこでレギュラーになれるようにチャレンジしたほうがいいのです。

もしレギュラーになれなかったとしても、何も得るものはなかった、ということにはなりません。なぜなら、息子さんはそこでかけがえのない経験をすることになるからです。

それは「負ける経験」です。これは思春期にぜひ経験しておいてもらいたいことの1つです。どんなに頑張ってもレギュラーになれない。ベンチにすら入れない自分と向き合ったとき、そんな自分をどう構築していくか。この経験をするかどうかで、人間としての厚みが変わってきます。

負ける経験が人を成長させる

人というのは、何事もすんなり運んだときには、振り返ることも反省することもしないものです。そこに学びはありません。しかし、**うまくいかなかったときには、必死で考えます。それが人を成長させる。**

そして負けた自分を、自ら認めてあげることができるかどうか。いつもトップの自分を認めるのは、とても簡単なことです。しかし、一生誰にも負けない、ということはありません。負ける経験をせずに大人になると、ほんの少しのつまずきから回復できないほどのダメージを受けてしまうことがあります。これは非常に危険です。**負けた自分を認めることができるかどうかは、自己肯定感を語る上で外すことはできません。**

体育会系の人が就職しやすい理由は、じつはここにあります。スポーツを真剣にやってきた人というのは、必ず負ける経験をしているからです。スポーツはシビアですから、はっきり勝ち負けが出ます。そして、一生勝ち続ける人はいません。試合をし続ければ、必ず負ける日がきます。

スポーツをしている人は、この負けるという悔しい思いとともに、次はどうやったら勝てるのかを考え続けています。その経験が、社会に出たときに役に立つのです。失敗にめげず、そこから学び、次の案を考える。そのような頭の働かせ方を、スポーツの中で育んでいるからです。単に体力があって、素直で元気だから採用されているわけではないのです（もちろんそれもプラスポイントですが）。

成功体験とは何かを克服すること

このような話をすると、「自己肯定感は成功体験からつくられるのではないのですか？」という質問が飛んできます。**成功体験は、単純に「勝つこと」「うまくいくこと」ではありません。負けたり、失敗したりした状態から、「立ち直ること」こそが成功体験なのです。**そういった意味で、成功体験というのは、そこに負けや失敗を含んでいるとさえ言えます。何かを克服したことが、成功体験なのです。

そのためにはやはり、チャレンジすることは必須です。「井の中の蛙」にならないためにも、自分が得意と思っている分野で、目一杯やり切ることが大切なのです。その中で自分の本当の実力もわかりますし、同時に強みも見えてきます。それが結局は、将来の自分の選択を確実なものにしてくれるのです。

「できる子ほどもろい」の本当の理由

「できる子ほどもろい」と言われるのは、先ほどお話ししたように負けた経験を持たないからです。「初めての負ける経験」というのは、年齢が上がれば上がるほどダメージは大きくなります。ですから結論を言えば、**早く負けたほうがいい**のです。

そういった意味では、開成では図らずともその経験をしっかりさせることができます。開成に入学してくる子というのは、それまで、「クラストップ」「地域トップ」「塾トップ」など、勉強において負けた経験がない子ばかりです。開成合格も、その子の中では「勝ち」にカウントされるでしょう。

ところが、入学して最初の試験で、「勝ち」と自分で思えるのは、300人中たぶん20人くらい。7クラスあるうちの、クラス3位くらいまでの子のはずです。あとの280人は「え、こんな成績になっちゃうの!?」と驚くわけです。「今まで3位以下なんか取ったことないのに……」と（笑）。

しかし、2章でお話ししてきたように、その頃には先輩とのつながりなどから、この負けの経験を克服してくれます。「世の中、上には上がいるんだ」ということを学ぶことができただけでも、その子の人生にとって大収穫のはずです。そういった意味で、開成の子は負けに強いとも言えます。

逆説的かもしれませんが、負けるためにも、上へ上へとチャレンジさせてください。

そうすれば、思春期のうちに必ずどこかで壁にぶつかり、負ける経験をします。そこをどう乗り越えるか、そこから学ぶことは親や教師が教えること以上に多いはず。そして、その経験から獲得した自己肯定感は、簡単に崩れるようなものではないでしょう。

20

息子の自己肯定感は「お手伝い」で伸ばす

すでに思春期を迎えた息子の自己肯定感を、具体的にどのように伸ばしていけばいいのか。簡単に家でできるのは、お手伝いをさせることです。**「これは自分がやらなければならない」というものを、毎日の生活の中につくる**のです。

例えばペットの世話や散歩、お風呂掃除や皿洗いなど毎日の家事を分担してもらうのもいいでしょう。また男手がありがたい新聞やダンボールを束ねて出すことは、だんだん力仕事が億劫《おっくう》になってくる親世代にはありがたいはず。男の子が好きな家事である、靴磨きや自転車のメンテナンスなどもいいですね。こういった母親が見過ごしがちな家事の担当になってもらうのはいいものです。

家事をしてくれたら、きちんと褒める

このように、家事をきちんと担当させることが、子どもの自己肯定感を上げてくれます。そのために必要なのは、**言葉にしてきちんと褒めること、お礼を言うこと。**できるだけ具体的に言葉にしてください。ルーティーンになってくると、つい褒めることを忘れがちですが、あえて言葉にして伝える努力を惜しまないようにしましょう。

「いつも湯船がキレイでうれしいわ」「靴磨きはつい忘れちゃうから、助かる！」「タイヤに空気がちゃんと入っていると、走りやすいわね〜」など、なんでもいいのです。感謝されることで、子どもは自分の存在感を得ることができます。

私の子ども時代は、家事は当たり前に生活の中に組み込まれていました。小学校時代、遊ぶときには妹や弟を背中にくくりつけて遊んでいた子が多くいました。それだけ子どもの数も多く、親も手が回らなかったので、子どもは家事の担い手でした。で

すから、子どもたちは、「自分がいないと親が困る」と感じていました。それは自己肯定感を自然に育むことにつながっていたのです。

不器用な男の子のお手伝いは、ともすると「してもらわないほうが家事が進む」ということにもなりかねません。でも、そこはぐっとこらえて担当してもらいましょう。のちのちラクができます。「お手伝いはいいから勉強して」ということが日常になると、子どもは「自分はお手伝いをしないほうが母親は助かる」という価値観を身につけてしまいます。

将来の1人暮らしのためにも、伴侶《はんりょ》を見つけた後のためにも、掃除、洗濯、料理といった生活の基本を身につけていなければ、その子自身が苦労することになります。お手伝いは、自己肯定感を育むだけでなく、その後の生活を支える土台をもつくってくれます。親が思う以上に、お手伝いは子どもにとって大切なことなのです。

21 子どもとは「子2：親1」でしゃべる

私はよく講演会で、「これからみなさんに英語で、1分間自己紹介をしてもらいます。2〜3分の時間を取るので考えてください」と伝えます。会場はいきなりシーンとなります。実際にやってもらうかは、その日の会場の雰囲気によるのですが、なぜこれをするかと言えば、「子どもにとってのしゃべること」を感じ取ってもらうためです。

子どもにとっては、母国語でさえもある意味〝外国語〟です。なぜなら、初めてそれを身につけ、使えるようにならなければならない言語だからです。使いこなすためには、それなりの年月が必要です。例えば、親が英語を学んできた期間を、中学、高校、大学の10年間とすれば、10歳の子どもはそれと同じくらいの期間しか日本語を学んでいないわけです。

多くの保護者の方が英語で1分話すのを躊躇《ちゅうちょ》するのと同じように、10歳の子どもにとって人前で話すのは大変なことなのです。頭の中で単語をつなぎ、文法的に論理的におかしくない文章をつくるのは、母国語である日本語でも、頭を使います。

つまり、**子どもに話をさせるということは、お子さんの頭を鍛錬するいい機会になる**ということです。そのために親は、相手がどんどん話をするように仕向けなければなりません。

お母さんは子どもよりしゃべり過ぎない

「うちの子は、本当に口下手で困ります」という相談もよくあるのですが、そういう子のお母さんは、一様にとてもおしゃべり（笑）。昔、私は塾を経営しており、よく親子面接をしていました。話すのが上手でない子の面接では、子どもに質問しても先に母親が答えてしまうことがよくありました。

「お母さん、これはお子さんに聞いているんだから、ちょっと待ってて」と何度言ったかわかりません。子どもに話してほしいのであれば、時間配分を考えて会話をしなければなりません。無意識でいると、母親が8〜9割、息子が1〜2割になってしまいます。せめてこの数字を、子2：親1くらいにまで縮めましょう。話す内容はどんなことでも構いません。息子さんが話しやすいトピックでいいのです。

息子の話に意見しない

普段はしゃべらない息子さんが話をし出したら、じっくりと聞いてあげてください。そして、なるべく話を引き出してあげましょう。そのために必要なのは、6つの疑問詞「5W1H」です。

・いつ（When）
・どこで（Where）
・だれが（Who）
・なにを（What）
・なぜ（Why）
・どのように（How）

これらの質問を、相槌《あいづち》の間に挟むだけで話がしやすくなるものです。

「へえ、そうなの。いつの話？」「へえ、どこへ行ったの？」「誰と行ったんだっけ？」

このように、1個1個聞くと、途切れ途切れの話もつながるようになります。


気をつけたいのは、意見をしないこと。何か意見すると、たいてい的外れになり、「知りもしないくせに、もういいよ」と話が終わってしまいます。息子が話し出したら、とにかく聞き役に徹して、「子2：親1」の法則を忘れないようにしてください。

22 子どもは帰るところがあるからチャレンジできる

「安心して帰れる場所があるか」、これは子どもの自己肯定感を育てる上で、非常に大切なことです。単に「安心して過ごせる家」という物理的な話だけでなく、精神的な意味も含んでいます。

落ち着ける家庭という居場所は、子どものチャレンジ精神を育んでくれます。何があっても受け止めてくれる、帰る場所があるとわかっていれば、子どもは思い切って外に冒険に出ることができるのです。

負けて帰って来たわが子をどう受け入れるか

勉強にしろ、運動にしろ、芸術にしろ、外の世界は厳しく、いつも勝てるとは限りません。むしろ負けることのほうが多いでしょう。そんなとき、家に帰ってホッとできるかどうか、次の冒険への英気を養うことができるかどうかは、非常に大切なことです。

頑張り続けられる子というのは、そのような帰る場所を持っているもの。**親の役割は冒険に一緒に付き添うことではなく、負けて帰って来たわが子を温かく迎え入れること**なのです。

中学受験で第一志望校に不合格になると、子ども以上にがっかりしたり、泣いたりする親御さんがいますが、それは役回りを間違えているとしか言えません。なぜなら、一番つらいのは実際にチャレンジした本人です。親はプレーヤーではなくマネージャ

ーなのですから、必ず一歩引いてお子さんを支えてください。

そのために親は、子どもが負けて帰ってきたときに、どうやって受け入れるかを常に考えておきましょう。それはお子さんにかける言葉かもしれませんし、好きな夕飯を用意することかもしれません。一緒にテレビを見たり、映画に行ったりすることかもしれません。

子どもが安心して帰れる場所を用意してあげられるかどうか。それはかなり重要な親の役割です。

23

18歳になったら1人暮らしさせる

安心して帰れる場所を用意した後は、そこから追い出さなければなりません。居心地のいい家がいつまでもあると、その先何年、何十年も出ていかないということになりかねないからです。

私は常々、「18歳で子どもは外に出しましょう」と言っています。つまり、高校卒業のタイミングです。進学するにせよ、働くにせよ、家から一度出すのがいいのです。なぜか。このことが、子どもの自己肯定感を大きく上げることにつながるからです。

今、みなさんがお子さんに与えている生活は、かつてないほど高水準のものです。

人類史上最高と言ってもいいでしょう。そしてこれ以上、上げることもかなり難しい。しかし、**1人暮らしをすれば、生活水準はガクッと下がります。そしてそれが上がったときに、自分の力を感じることができるようになります。**

高い生活水準が若者にもたらす弊害

日本の若者の保守化傾向は、この高い生活水準にも原因があると考えられます。下がる可能性のほうが高いから、新しいことへの挑戦を躊躇してしまう。それと同時に、今の生活水準は親がつくりあげたものであって、「自分でつくりあげたものではない」ということもわかっています。それゆえに、漠然とした不安を抱えているのです。

これは、日本と中国の若者を比較するとあきらかです。生活に対する満足度を比べると、高い生活水準で暮らしている日本の若者よりも、中国の若者のほうが高い。なぜなら、中国の若者は毎年生活水準が上がっていくことを実感しているからです。

ところが日本の若者の場合、「落ちるかもしれない」という不安があるために満足感が低い。生活水準とその満足度は、必ずしも一致するわけではありません。むしろ大切なのは、「自分の力で生活水準が上がっている」という実感です。階段を上っていることを感じられれば、何かをやろうという気持ちも生まれます。

低い生活水準からスタートさせよう

落ちる不安に怯えて暮らすくらいなら、いっそ落としてしまえばいい。それが18歳での1人暮らしです。厳密には、1人で暮らす必要はありません。下宿でも寮でも、親元から離れて暮らすということです。例えば東京や大阪などの大都市は家賃も高いですから、下宿や寮が現実的な選択肢となるかもしれません。立派なワンルームマンションを借りてあげる必要はありません。いえ、借りてあげてはいけないのです。

東京には、地方から、海外から、たくさんの学生が集まっています。みんながいいマンションに住んでいるわけではありません。あまりキレイとは言えない寮や下宿を選ぶ学生も、もちろん多くいます。都心にも、風呂なし、トイレ共同といった物件はたくさんありますし、そういった物件は「バストイレ付き物件」と比べると、たいてい3～5万円ほど安く借りることができます。

親元を離れた生活を、そういった環境からスタートさせれば「自分はどこでも生活できる」という自信をつけることもできます。それこそ働いて「バストイレ付き」の部屋に引っ越したとしたら、自分の成長を肌で感じることができるもの。「一国一城の主」といった気分を味わえるかもしれません。

「食」で成長を感じさせよう

もう1つ、自分の成長を感じられるのは、なんと言っても「食」です。子どもの頃、私の家は商売をしていて、夕飯での晩酌は父の楽しみの1つでした。母はそのために、

日本酒に合いそうな刺身や焼き魚をいつも父の前に出していました。その魚が本当に美味しそうで、子どもの私が「あの魚を食べたい」と言うと、母は決まって「稼げるようになったら食べなさい」と言っていました（笑）。

私は大学生になって自分から家を出ました。塾や家庭教師で生活費を稼ぎ、バイト代が出た日だけそれを握りしめ、飲み屋へ行ってハマチの刺身を注文しました。ちょうどハマチの養殖が始まった頃で、脂がのったハマチは舌の上でとろけるようでした。心の底から「うめえなぁ」

と思ったものです。「このためにバイトをしてるんだ」という感じでした。子どもの頃、横目で見ていた父親の肴を自分で食べられるようになったのですから、「自分で稼げるようになった」という実感がありました。

狭いアパートですし、給料日のハマチ以外は大したものは食べられませんでしたが、生活にはとても満足していました。**「自分の力で美味しいものを食べる」というのは、男子には特に響きます。自分の成長が感じられるのは、こんなときなのです。**

今のご家庭は、お父さんが家で食事をすることが少ないこともあり、子ども中心の食事になりがちです。それならなおさら、家から出さなくてはなりません。なぜなら母親が自分のためにつくってくれる食事が、一番いいに決まっているからです。

「息子が結婚できるかどうか」を悩んでいる親御さんは非常に多いのですが、家にいる息子のために尽くしている間は、難しいかもしれません。脱ぎ捨てたパンツも、いつの間にかキレイに洗濯されて〝自然に〟タンスに入っているし、トイレットペーパーも〝自然に〟補充されている(笑)。誰かがそれをしている、ということに思い至ることはありません。

しかし、1人暮らしでパンツを脱ぎ捨てて出かけたら、帰るとそのままの形で部屋にぽつんと残っている。イヤですよね。冬に家に帰れば、暗くて寒い。寒さが身にしみるのです。そんなとき、シチューをつくって待っていてくれる彼女がいたら、「このまま一緒にいようか」となります。結婚が早くなるのです。

実家に住んでいたら、寒い冬でも暖かい家で母親が自分の好物を料理して待っていてくれます。「彼女のシチューより、やっぱりお袋のシチューだよ」となる。当たり前です。子どもの頃から食べているのですから。そうすると、母親は息子が50歳になっても、パンツを洗ってシチューをつくることになるのです。

童謡の「赤とんぼ」に歌われているように、15でねえやは嫁に行きましたし、最初の東京オリンピックの頃、集団就職列車に乗っていたのは中学を卒業した15歳の少年少女でした。数十年前までは、中学を卒業すると独り立ちをしていたのです。それが今は18歳。決して早いということはありません。

お子さんには、「18歳になったら家を出なきゃいけない」という話を、早めにしておきましょう。17歳になって「来年は家を出てね」といきなり言われるより、子どもにとってもずっといいはずです。心の準備のための時間と適度な緊張感を、子どもに持たせてあげてください。

24

息子から離れてできた自分の時間は「生産」にあてる

「どのようにわが子の自己肯定感を育てるか」を考えると、私たちはつい具体的な「プラスのアクション」に目がいきます。子どもに対する、「足し算のアクション」です。しかし、それと同じくらい大切なのが「引き算のアクション」。つまり、子どもに働きかけるのではなく、子どもから離れるということです。

じつは、足し算よりも引き算のほうがずっと難しいのです。思春期になったら、親は少しずつ子どもから離れなければならないのですが、この「息子から離れる」という引き算は、これまで手をかけて育ててきたお母さんにとって、大きな精神的負担になります。引いた分のすき間が、心のすき間になってしまうからです。

そのために**必要なのは、「自分自身への足し算のアクション」です。**すき間ができるのですから、積極的にそこを埋めるものを見つけなければなりません。そしてこの自分自身への足し算は、お母さん自身の自己肯定感をアップさせるものでなくてはならないのです。

お母さんのすき間は自己肯定感アップするもので埋める

私が大学で働いていたときのこと。分析の仕事ができる人を募集したら、候補者の中に40代後半の再就職を目指す女性がいました。経歴も人柄も素晴らしかったので採用したら、ブランクがあるとは思えない仕事ぶりで、随分と助けられたものです。

数ヶ月後、雑談の中で「なぜ再就職をしたか」という話題になりました。その方はこんなふうに話してくれました。「息子が私から離れていくときに、自分の存在を証明するような場所がほしいと思ったのです。自分を肯定できるものを持っていないと、家にいるのがつらかったんです」。その方は非常にやる気があり、50歳少し前に「博士号を取りたい」と言い、その後5～6年かけて論文を出し、博士になりました。

ただ、残念ながらうまくいく人ばかりではありません。それは、「すき間を埋めるものの差」にあると私は考えています。子どもに費やしていた時間を、映画を見たり、買い物をしたり、と今まであまりできなかったことをするのは、決して悪いことではありません。しかし、実際にこのような過ごし方は、長くは続かないものです。

なぜなら、それらの行動が「消費」だからです。**自己肯定感は、生産的な時間を過ごすことで、初めて獲得できる**と私は考えています。「映画を見る」「買い物をする」という消費行動だけでも、時間は埋められるかもしれませんが、自分自身の自己肯定感にはなかなかつながりません。必要なのは、消費ではなく「生産」なのです。

お母さん方には、ぜひ空いた時間を生産的なことに使っていただければと思います。そのためにも、**本格的な子離れがスタートする前に、自分は何が得意なのか、何がしたいのかを見つけておきたい**ものです。

思春期はむしろ子離れのチャンスと捉えよう

お母さん方が子離れがつらいのは、非常によくわかります。開成の生徒は1人っ子が多く、1点集中型の子育てをしてきた方も多いからです。大事な1人息子との子離れは、それこそ身を切られるような思いかもしれません。

ただ、自らへ問いかけなければならないのは、「それを何歳までやりますか?」ということです。20歳まで? 30歳まで? 40歳まで? 子どもが40歳の頃、親は70歳くらいです。そのときまで子育てに専心するのは難しい。そうであるなら、**どこかで子離れをしないといけません。そして、その最初のチャンスが思春期なのです。**

コラム

ちょっと「逆に盛って」子どもの頃の話をしよう

急に子どもの手を離すのは、まだまだ不安という方もいます。

しかし、今の子どもというのは、親御さんの小さい頃よりも、格段にしっかりしています。親は無意識のうちに「今の自分と現在の子ども」を比較して、「まだまだ心配」と思ってしまうものですが、その比較はフェアではありません。

今の子どもは自分たちが子どもの頃と比べても、本当にいろいろなことができると感じます。それこそ親御さんたちが、一生懸命に経験の場を与えているからでしょう。

次に実家に帰ることがあったら、ご自身の子どもの頃のアルバム、あるいは学校の卒業アルバムを、一冊持って帰ってくることをおすすめします。そして、息子さんと同じ年齢の頃の写真を見てみてください。写真を見れば、「部活のことしか頭になかった」「親とケンカばかりしてたっけ」と当時のことがありありと思い出されるでしょう。その当時の自分と比べてみれば、たいていの場合は息子さんのほうがしっかりと頑張っているはずです。

あるお母さんは自分のアルバムを見て、こんなことを言っていました。

「中学受験など考えもせずに毎日遊んでいた私が、今は毎日息子に『勉強しなさい！』と言っています。その頃の私に息子が会ったら、きっと『お母さん、ちっとも勉強してないじゃん！』と怒られるかも……」

ご自身のアルバムを見つめると、お子さんにかける言葉がきっと変わるはずです。

そして、息子さんは私たちが思っている以上に、親の「子どもの頃の話」を興味深く聞いているものです。彼にとっての初めてのロールモデルは親ですから、その親にも「子ども時代があった」という当たり前のことを知るのは、けっこう大切です。

親の子どもの頃の話をすることで、「母親（父親）も自分と同じ年の頃があって、成長の後に今の母親（父親）がいる」というルートが、ぼんやりと見えるようになる。それこそが、ロールモデルになるということなのかもしれません。

「○○が苦手だったけど、一生懸命頑張った」「○○で失敗したけど、ここで挽回した」など、ご自身の自己肯定感が高まったエピソードは、お子さんを勇気づけることになりますし、チャレンジする気持ちを育てることにつながります。

逆に**絶対にやめていただきたいのは、「俺はあの時代これができたのに、お前は何だ！」という話です。**この手の話は無意識のうちにしていることがあるので、注意してください。「成績はいつも一番だった」「リレーの選手だった」「生徒会長だった」……。いくらでもあるかもしれませんが、親の話は「逆に盛る」くらいがちょうどいいのです。

「お父さんが子どもの頃は、そんなことできなかった」「あなたの年齢で、そんなことできちゃうのね」。自分の子どもの頃を少しマイナスして、話をしてもいいじゃないですか。それは親のさじ加減。親の話は逆に盛るくらいが、ちょうどいい塩梅なのです。

第4章

男の子のポテンシャルを伸ばす育て方

25

AI時代に伸ばすべきポテンシャル

今から50年以上前、私はコンピューターの仕事をしていました。ですから、技術の発展に関しては、今でも興味が尽きません。新しい技術が広まると、人々の生活にも変化を及ぼします。インターネットしかり、携帯電話しかり、自動改札しかりです。

30年くらい前までは、「電車ごっこ」は男の子に人気の遊びでした。運転手がいて、車掌がいて、そして切符を切る駅員もいました。小さな男の子が「カチャカチャカチャ、バチンバチンバチン」と、切符を切る真似をしていたものです。

現在ではどこも自動改札になり、切符を切る人はいなくなりました。「切符を切る」

という仕事自体が、なくなってしまったからです。しかし、それによって失業者が急増したかと言えば、そんなことはありません。「切符を切る」という仕事に変わって、新たに「自動改札の開発・メンテナンス」という仕事が生まれました。つまり、〝やることが変わっただけ〟のことです。

必要なのは時代の変化への柔軟性

AI時代になり、技術はますます進化していくでしょう。しかし、それは私たちが大人になる前にも起きてきたことですし、はるか昔から繰り返されてきたことなのです。

典型的なのが1810年代のイギリスで起きた「ラッダイト運動」です。みなさんも歴史の授業で習ったかもしれません。イギリスで産業革命が起きたとき、機織《はたお》りをしていた労働者たちが、蒸気機関によって自動で動く機織り機を壊してまわった運動です。自動化されれば、自分たちはいらなくなってしまうからです。

このように、私たち人間は産業革命の時代から、未知のもの、新しい技術に対して不安と恐れを抱いてきました。にもかかわらず、それを追い求め続けているのも、私たち人間なのです。

私たちにできることは、どのような大きな変化が起きても、それに対応すること。新しいものを受け入れ、それを身につけることです。特に、これから働く若い世代は、そのような柔軟性がなければなりません。

しかし、親世代が心配するまでもなく、子どもたちはそれだけの能力を自然と身につけているものです。例えば今、指1本で文が書ける若者がいます。スマホをポケットに入れていても、ブラインドタッチで文字が打てるというのですから驚きです。このように子どもたちは、驚くべき速さで新しい技術を受け入れ、それに対応していくのです。

日本人は変化が苦手なわけではない

「日本人は変わることを嫌う」と思われているようですが、決してそんなことはありません。先ほどお話ししたように、新たなものへの恐怖というのは、国が違っても同じように起こります。日本人が特別というわけではないのです。

もし、そう思われているとしたら、それは日本が長い間、非常に安定した状態にあったからでしょう。戦後、高度成長の波に乗り、国が豊かになった。「今」がよければ、「何かを変えよう」という気持ちは起きません。そういった意味で、日本全体が保守化していたのは間違いありません。今までは、その貯金を取り崩して30年、なんとか凌いできたのです。

しかし、今が悪ければ、そこから抜け出す方法を考えるしかありません。現在国債の残高は、GDPの240%。つまり、1年間に国民が生産するすべての富の約2年半分の借金がたまっているということ。日本は収入がないのに、借金で今までの良さをずっと維持していたんですね。そして、「これはもう無理だ」ということを感じ始めているわけです。

昨今のグローバリゼーションの波はその1つです。人は安定しているときにはなかなか動きませんが、不安定なときには積極的に動き出します。そういった意味では、変わるチャンスにもなっているのです。

「自分で師匠を見つける」というスキル

AIの時代になり、今までなかった新しい仕事がどんどん生まれています。若い人にとって、こんなに面白いことはありません。そのために必要なことは何か。それを私は「自分で師を選ぶ能力」だと考えています。

学生たちがホームページをつくっていたときのことです。パソコンではうまく表示されるのに、ある携帯会社の携帯電話ではうまく表示されない。そうすると、その中の1人が「じゃあ俺、ちょっと聞いてみます」と言ってなにやら連絡を取り出した。その後すぐに、「携帯会社の知り合いから返事来た〜」と言って、そのアドバイスにしたがって、ホームページを手直ししてしまいました。

新しい技術がどんどん仕事や生活の中に深く入り込み、さらにそれが更新されていく時代に、すべてを自分で賄うことはできません。**子どもたちに必要なのは、どこでどういう人に習えば情報を得ることができるか、新しい知識を身につけることができるか、それを見抜く嗅覚なのです。**

社会に出たら先生はいません。しかし、自分の「師」となる人を、見つけ出すことはできます。これこそが、今の時代を生き抜くために必要な能力です。ですから私は、開成の生徒たちにも「10年経ったらもう先生はいないのだから、自分で『師を選ぶ』ことに慣れなさい」と伝えています。そうすれば社会がどんなふうに変わっても、途方に暮れることはありません。

そういった意味も含めて、同世代の人だけでなく、年齢の違う人たちも含めて付き合い、信頼関係を構築する能力は、ますます必要になっていきます。新しい集団に入ったとき、新しい場所へ行ったとき、そこになじむことができるか、そして新たな人間関係を構築することができるか。それができれば、必要な情報はすぐに集めることができるようになるでしょう。

26 好きなことを「生産」につなげさせる

「うちの子は全然積極的ではないし、友達づくりも苦手。自分で『師』を見つけたり、新しい人間関係をつくるのは難しそう……。コミュニケーション教室に通うべき？」

このように思ってしまう親御さんもいるでしょう。外交的でない男の子は多いですから、心配になるお気持ちはわかります。

しかし今からでも遅くはありません。2対1の原則を思い出して、お子さんの話を辛抱強く聞き続けることを始めてください。**子どもが好きなこと、夢中になっていることの世界をもっと広げてあげてください。**グループやイベントであれば、話が合う仲間も簡単に見つけられます。自分の「師」となるべき人も、そこで出会うことができるはずです。新しい出会いのことをお子さんが話し始めたら、辛抱強く聞いてあげてください。

好きなことに関わる仕事はいくらでもある

好きなことばかりをしていて、将来の仕事につながるか。そんな心配も出てきそうです（親の心配は尽きないものですね）。しかし、大丈夫です。**好きなことから、いくらでも将来の可能性に広げていくことができる**からです。

例えば開成のサッカー部員は、中高合わせてとても多くの生徒が所属しています。中高ともに、結構強いのです。皆、本気でサッカーをしています。もちろんプロになれたらいいですが、それが難しい場合でも諦める必要はありません。サッカーに関わることができる仕事は、いくらでもあるからです。

ですから私は生徒たちに、「自分の好きなことに近い職業、好きなことに関わり続けられる職業を考えてみよう。好きなことに関わり続けられる職業についたら、楽しいだろ」と話しています。

サッカー選手になれなかったら終わり、というわけではありません。選手以外に、サッカーに関わるどんな仕事があるのかを発想をやわらかくして考えましょう。

例えばＪ１のチームに入って、チーム運営に携わるという方法があります。チームの庶務担当になれば、遠征に自分も同行することになるかもしれません。広報でもいいですし、先々は経営者側に入ることを視野に入れてもいいでしょう。あるいはＪリーグ機構そのものに入って、組織の運営に関わるという手もあります。

医学部へ行って、スポーツドクターになるのもいいかもしれません。カズ選手（三浦知良）のように50歳を過ぎても活躍できる選手を、サポートする側になるのも夢があります。弁護士になれば、長友佑都選手のように世界中のチームを渡り歩く選手を契約面でサポートすることもできます。

技術が好きな子であれば、ゴールを判定するシステムの開発に従事するのもいいでしょう。あるいは、サッカーシューズの開発なども楽しそうです。1人でも練習できるようなマシンの開発など、新しい発想をしてもいい。

スタジアムの設計や運営、あるいはサッカーに適した人工芝の開発なども考えられます。文章を書くのが好きであれば、スポーツ記者になるという方向もあります。あるいは教師になって、次の世代を育ててもいいかもしれません。

好きを「消費」から「生産」につなげよう

このように発想をやわらかくして広げていけば、「好きなこと」に関連する職業は、いくらでもあるのです。好きなことをしているだけではただの「消費」ですが、それを「生産」につなげるために、どんな職業があるかを突き詰めて考えるのです。

これはお母さん方の悩みに多い、ゲームでも同じです。ゲームだって、好きならとことんやらせたらいいのです。ただ、それと同時に、ゲームからどのように将来の仕事へつなげていけるか、考えさせる声かけが必要です。ただゲームで遊ぶだけでは完全な消費です。しかし、それをつくる側にまわれば生産になります。

自己肯定感にとって、「生産」というのは大きなキーワードです。**自分の好きなことを消費から生産へ向けられるかどうか。好きなことで生産することができれば、それは自ずと自己肯定感へとつながっていくのです。**

27

子どもの「好き」を見つけるために餌をまく

好きなことをすることがいい、ということはわかりました。

では、その好きなことをどうやって見つけていけばいいのでしょうか。じつは、これにもやり方があります。それは、**多くの経験をさせる**ことです。私はこれを「餌まきをする」と言っています。子どもはこの世の中に、どういう事柄があるのかを詳しくは知りません。ですからとりあえず、いろいろなことを経験させてみるのです。

これは魚釣りと同じです。釣りをするときに、私たちは「まき餌」をします。まく餌の種類によって、食いついてくる魚の種類は変わってきます。釣り人は、食いついてきた魚を釣ればいいのです。例えば習い事も、たくさんの習い事を「まき餌」をするように試してみればいい。

その中で、**子どもが「やりたい！」というものが1つでも見つかれば、それを続けましょう。**昔風に、イヤな習い事をこらえてまでやる必要はありません。ですから習い事は、どんどん変わってもいい。そのうちに、カチッとはまるものがあるはずだからです。

「兄弟で違う」は当たり前

ある兄弟のいるご家庭では、機械が大好きなお兄ちゃんがいて、小学校の頃からロボット教室に通っていました。弟が1年生になったとき、お母さんは「お兄ちゃんと一緒の習い事をさせてあげよう」と思い、ロボット教室の見学に連れて行きました。教室の様子をじっと見ていた弟は、お母さんに一言「ぼく、興味ない」と言ったそうです。

お母さんは「同じことをさせるのが平等」と考えていたのですが、「ここまではっきり言うのであれば……」とロボット教室は早々に諦め、「他に何か好きなことはないか」と別の習い事を探し始めたそうです。いくつもの見学や体験を経て、弟がしっくりなじんだのは剣道でした。中学生となった今も、部活で毎日竹刀を振っているそうです。

兄弟でも、興味は全く違うものです。わが家の長男次男も、小さい頃から違ったものに興味を示していました。私自身が理系の人間であるため、息子にも理系に親しんでほしいという思いから、ラジオやブザーを自作できるキットを長男に買ってきたことがあります。

長男と一緒につくろうとしたのですが、全くと言っていいほど興味を示さない。結局ラジオをつくることのないまま、そのキットは放っておかれました。あるとき気がつくと、そのキットを見つけた次男が説明書を見ながら夢中になって組み立てていました。次男には、そのおもちゃがピッタリとはまったわけです。

ちなみに、そのまま技術好きに育った次男は技術を必要とする仕事に、論争好きだった長男は論戦を必要とする仕事に就きました。子どもの頃の興味というのは、うまく続けばそのまま将来を支える背骨となります。そしてそれは、兄弟であっても違っていることがほとんどです。

同じ「ラジオをつくる」ということであっても、好きなことなら時間を忘れて没頭することができますし、嫌いであれば遊びどころか、苦痛にしかなりません。将来にわたって成長し続けるためには、好きなことをするのが一番です。そのために親は、子どもをよく観察し、子どもの「好き」を見つける手助けをしなければなりません。

兄弟に同じことをさせるのが平等なのではありません。兄弟それぞれが好きなことをしている状態が平等なのです。

28 親子で自分の甲羅のサイズを自覚する

亀の体は自分の甲羅の大きさに合わせてつくられています。人間も同じで、ある程度持って生まれた自分自身の甲羅のようなものがあります。私たちは日々、その甲羅が少しでも大きくなるように努力をしていけばいい。自分の甲羅の10倍の大きさを求めても、苦しくなるだけ。甲羅を少し膨らませることができるような人生を過ごせば、安定感があるし、幸福感もあるものです。

自分の甲羅の大きさは、成長するにつれて、だんだんとわかるようになります。

1つは、チャレンジと失敗を繰り返す中で、甲羅の大きさがわかるようになるものです。スポーツが一番わかりやすいかもしれません。県大会に出場できるレベルなのか、それともその上に行けるのか。試合に出るうちに、自分のチャレンジすべき目標は自ずと決まってきます。自分で成功と失敗を繰り返して、それを自覚することが大事なのです。

もう1つは親です。親が子どもに伝えられる経験というのは、自分の甲羅のサイズまで。それ以上は、実体験として子どもに伝えることはできません。そのため、子どもが最初に知りうる甲羅の大きさは、親の甲羅の大きさということになります。

親が自分の甲羅に満足していることが大切

ここで勘違いしてほしくないのですが、子どもにとって大切なのは、親の甲羅の大きさより、むしろ親が「その甲羅に満足しているか」どうかです。親に自己肯定感があるか、と言い換えてもいいでしょう。

親が自分の甲羅の大きさがどんなものであれ、「甲羅の大きさはこれくらいだけど、自分は社会人としてしっかり生活をしているし、大人として役割を果たしている」「このくらいの甲羅の大きさに育ってくれれば十分だよ」と思うことができれば、それは子どもにも伝わります。こう思えれば、子育てにも余裕が生まれますし、子どものびのびと育ちます。親も子も、必要以上に背伸びをする必要がないからです。

一方、**親が自分の甲羅に満足していないと、子どもを苦しめることになります。**その方向性は2つに分かれます。1つは、親が自分の甲羅以上のものを子どもに求める場合です。例えば、「自分は医学部に行けなかったから、この子は絶対に医学部に入れる」「この子を絶対に野球選手にする」といったケースです。親の果たせなかった夢を子どもに託すのは、非常に苦しいことです。

「親を超えろ！」と言うのは簡単ですが、**親が育てることができるのは自分の甲羅のサイズまで。**親はそのことをしっかり認識しておかなくてはなりません。親を超えるということは、簡単なことではありません。もちろん、その子の努力や、「師」となる人との出会いによって、親を超えていく子もいます。しかし、いずれにせよ親が子どもに伝えることができるのは、「自分の甲羅の大きさまで」なのです。

親はつい「自分以上の幸せ」を子どもに望んでしまうものですが、その思いがお子さんを苦しめることになることに、気がつかなくてはなりません。

もう1つは、親自身が自分の甲羅の大きさに満足せず、それを常に口にしている場合です。「親に言われた大学に行っていなければ、もっといい人生が送れたのに」などと、卒業から20年も経っているのに言っている人もいます。「本当は〜だったはず」という愚痴を延々と言い続けたところで、プラスになることはありません。

親が現状への不満を吐露してばかりいれば、子どもは自分の甲羅の大きさを卑下してしまいますし、頑張ろうという気持ちを持つこともできません。お子さんにも「どうせ〜だから」という考え方が身についてしまうからです。今自分が持っている甲羅のサイズに対して、親の自己肯定感がなければ、子どもはうまく育たないのです。

大きい甲羅を持つ親は子どもにプレッシャーを与えない

親の甲羅が大き過ぎて、苦しんでいる子もいます。そのような場合は、親の甲羅まで育つようにと期待をかけ過ぎないように、逆に注意が必要です。本当に甲羅の大きな人は、そのあたりのことも非常によくわかっています。自分の甲羅がここまで大きくなったのは、ある意味「幸運」だということを知っているからです。

例えば、高いポジションを得られた人というのは、「幸運があった」と感じているものです。同じような能力、同じような環境でも、そのような幸運に恵まれる人と、恵まれない人がいます。特に人事はそうです。空いているポストがあり、そこにベストな人がいたとしても、その人が他の仕事をしている場合はそのポストには移しません。そんなとき、代わりにそのポストに入った人が頭角を表したりする。タイミングがあるのです。出世というものは、ある意味幸運の連鎖から生まれます。

スポーツも同じです。対戦相手の運不運だけでなく、自分の調子が上がっている時期に、大きな大会が重なるかどうかといった運不運もあるでしょう。トップに立てた人というのは、そういった幸運があったことを、やはりわかっているものです。**自分の甲羅が大きい場合は、「幸運があったからだ」ということを胸に刻んで、子どもに過度なプレッシャーをかけない**ように気をつけてください。

親の甲羅のサイズがどのようなものであれ、親自身が満足していなければ、子どもは苦しくなるばかりです。自分の甲羅のサイズまで（甲羅が大き過ぎる場合は「幸運がなかった場合のサイズ」まで）に子どもを育てることができれば、それで十分なのです。「自分より大きな甲羅を持たせたい」という思いは、子どもにとってはただの重荷に過ぎません。重たい甲羅を無理やり背負わせることだけは避けてください。

29 周りと自分の評価のズレをなくす

甲羅の大きさを知っておくことは、この先とても重要になります。なぜなら社会に出た子どもたちは、他者の評価にさらされることになるからです。

自己評価（自分が認知している甲羅の大きさ）と他者評価に大きな乖離《かいり》があると、常に「周りは自分のことを認めてくれない……」という気持ちにさいなまれることになります。「本当は俺のほうが仕事ができるのに、なんであいつが先に昇進するんだ」「新しいプロジェクトのリーダーは自分であるべきなのに、なんであいつなんだ」。常にそのように感じてしまうとしたら、人生は非常に苦しいものになってしまいます。

自分の甲羅の大きさを、周りの人が見ているのとほぼ同じサイズで理解していれば、他人の評価に苦しむことはそれほどありません。また、相手が自分に求めていることもわかりますから、所属した組織になじむこともできるはずです。

自信のない人は自己評価が高い

逆説的なようですが、自信がない人というのは自己評価が高い傾向にあります。自信がないと、「できるだけ自分を大きく見せたい」という思いにとらわれます。そういった思考を繰り返した結果、「自

分はもっと大きいはず」と思い込むようになってしまうのです。

また、**自信がない人というのは、チャレンジを避ける傾向があります。**戦わなければ負けることもありませんから、厳しい現実によって自己評価を崩されることはありません。そういった意味でも、「負ける経験」というのは非常に大切なのです。

現実の自分を把握しないまま成長すると、他者評価よりも、自己評価がずっと高いという苦しい状態に陥ります。そして、「自分は不当に評価されている」という気持ちを持ちながら生きていかなければなりません。それはとても不健全なことですし、人生に暗い影を落とすことにもなりかねないのです。

30 お金は労働の対価であると学ばせる

日本では、お金の話を避ける傾向にありますが、中学生後半くらいからは、お金の価値をしっかり考えさせたほうがいいでしょう。

先にお話ししたように、私は18歳になったら1人暮らしをさせたほうがいいと考えています。そのためには、自分の生活にどのくらいのお金がかかっているか、そのお金をはたして自分は将来稼ぐことができるか、どのように生きていけば稼ぐことができるようになるか、これらのことを早いうちからなんとなくでも考えておいたほうがいいからです。

自分にどれだけのお金がかかっているかを理解させよう

高校を卒業したら（遅くとも大学を卒業したら）、「自分で食う」ということを理解しておかなければなりません。自分が生きていく上で、どれだけのお金が必要かということを知っておいて損はないでしょう。

親御さんの中には、お金に関してあまり関心を示さない方がいます。企業勤めの方は、毎月決まった日に同じ額の金額が振り込まれ、税金や年金なども勝手に引かれているために、お金に関して強く意識することが少ない傾向があります。

また「お金の話を子どもにするのは、はしたない」といった考え方の人も多く、親子でお金について話をする機会をほとんど持たないという方もいるでしょう。

日本では、例えば一代で財を成したりすると、否定的な見方をされることも多いの

ですが、アメリカや中国ではそんなことはありません。「メイクマネー」という言葉は、とても肯定的な表現ですし、自分で働いて財産をつくったということは、賞賛されることはあっても、否定的に取られることはありません。それだけのお金を集められたということは、その人の能力そのものであると考えられているからです。

中学生も後半なら、子ども自身が自分にかかる具体的な費用の内訳を理解しておくべきです。例えば、生活費、学費、塾などの教育費、携帯の料金、修学旅行の費用などです。このような話をすることで、将来1人暮らしをしたときに、どのくらいのお金がかかるのかを想像することができますし、親はそれだけのお金を稼いで、自分に使ってくれているということもわかります。

これは「恩を着せる」ことが目的ではありません。わが子が将来子どもを持ったときに、同じことをするための準備なのです。子どもは「ただ受け取る」存在ではありません。それを次の世代に返す必要があります。そうであるからこそ、**「受け取っているものは何か」ということを、明確に理解しておかなければならない**のです。

労働でいくら得られるか頭と体で学んでおく

もう1つ重要なことは、労働によってどれだけのお金が得られるか、ということを頭と体で学んでおくことです。

例えば時給1000円で1年間働くと、いったいいくら手に入るのか。結論を言えば、約200万円しか入りません。所定労働時間をベースに、1日に8時間、週5日働いたとすると、残業を含めて1年間にだいたい2000時間働くことになります。ですから、時給が1000円であれば、200万円となるのです。

つまり年俸1000万円なら、時間当たり5000円の富をつくらなくてはならない、と考えるのです。年俸1000万円（時給5000円）の人と、年俸200万円（時給1000円）の人は、同じ仕事をしてはいけないのです。

年俸1000万円の人は、ただのコピー作業をしてはいけない。それは時給の安い人に任せて、時間あたり5000円分の富をつくり出さなければならない。自分は将来、時間当たり5000円、いやそれ以上の富をつくることができるだろうか。そういった意識を持っておくことは非常に大切です。

一方で、1000円稼ぐことがいかに大変か、ということも体で知っておくべきです。私の仕事の関係で、うちの息子2人はアメリカの中学、高校へ通いました。アメリカの学校は、子どもでも必要なお金は自分で調達する、という考え方が当たり前で、修学旅行があるとその費用の一部は自分たちで稼ぎます。

私が住んでいたボストン郊外のウエイランドという町では、子どもたちは修学旅行費用の一部をフロリダのオレンジで調達します。あらかじめ近所の人に注文を取って歩き、オレンジができたら配達するのです。子どもごとに地域の割り当てがあるのですが、一軒一軒まわって「それならうちは2袋買ってあげるよ」など、注文を取ります。毎年の出来事なので、寄付のつもりで買ってくれる家が多くあり、その売上が修学旅行費の一部になるのです。

また、田舎のほうを走っていると、道端で自分のつくったトマトなどの野菜を売っている子もいました。じっと座って、誰かが通るのを待っているのです。「これ、自分でつくったの?」と聞くと、うれしそうに「つくった!」と答えます。そう言われると、ついつい買ってしまいます。生産から販売まで、1人でこなしているのですから立派なものです。

お手伝いに対価を払う

アメリカ人の親には、「全部親が面倒見なければならない」という感覚はありません。お小遣いの代わりに、家のお手伝いに対する「労働の対価」としてお金を払います。

私も、息子たちがタイピングをできるようになった頃、手書き原稿を打たせる仕事を頼んでいました。たしか、「A4一枚、25セント（約25円）」くらいでした。最初は子どもも小さかったので納得していたのですが、周りからいろいろ知恵をつけられて、途中から「安過ぎる！」とストライキをされましたが（笑）。

お手伝いに関する考え方の違いもありますから、日本でもすべてのお手伝いに対してお金を払う必要はありませんが、何か特別な仕事をした場合は「賃金を払う」ということをしてもいいと思います。そうすることで、子どもは労働とお金の関係を体で学ぶことができるからです。１０００円稼ぐのがいかに大変か、自分の１ヶ月の携帯料金を稼ぐために何時間働かなければならないのか、身をもって知ることができるからです。

お手伝いに対してお金を払うことに、抵抗がある方も多いようですが、私にしてみれば、何もしていないのにかなりの金額をもらえる「お年玉」のほうがよっぽど違和感があります。特に子どもの数が少ない昨今では、「財布が６つある」などという言い方もされるほど、お金が子どもに降ってきます。

お金に対して「何もしなくても手に入る」という印象を持っていては、自立などできません。将来の自立のために、お金は労働の対価であるということを、10代のうちにしっかりと学ばせておくべきなのです。

31

知識を詰め込むことが創造力につながる

これまで入試と言えば、知識を覚えることが重視されてきましたが、その揺り戻しなのか、最近では「思考力こそ大事だ」という議論が主流になっています。２０２０年の大学入試改革しかり、中学受験しかりです。

そのような流れに水を差すようですが、**私は勉強において、まず知識を得ることが非常に重要だと考えています。**例えば、医者という職業に必要なのは、まずは症状と薬についての膨大な知識を頭に入れることです。実際に臨床の現場に立ったときには、その蓄積された知識を総動員して、「この症状なら、ＡとＢの薬をこれだけの量出せばいい」と判断するからです。それらの知識がしっかりと頭に入っていなければ、それぞれの人に応じた処方をすることはできません。

知識という基礎にもとづいて、臨床という応用に発展していく。私は、仕事の95％は記憶した知識を使って行なっていると考えています。ですから、開成でも知識の習得をないがしろにすることはありません。

「量は質に変化する」のは知識も同じ

ドイツの社会思想家エンゲルスは、「量の変化が質の変化をもたらす」と述べています。「量質転化の法則」と言われる考え方です。

私が研究していた大気汚染を例にご説明しましょう。もし、世界に車が1台しかなければ、その車の排気ガスがどんなに汚れていても、問題はありません。大気汚染は起きないからです。しかし世界に車が10億台あれば、排気ガスが汚れていたら大気汚染が起きてしまいます。つまり、数が増えれば、量が変化すれば、大気汚染という形

量の変化は質の変化をもたらす

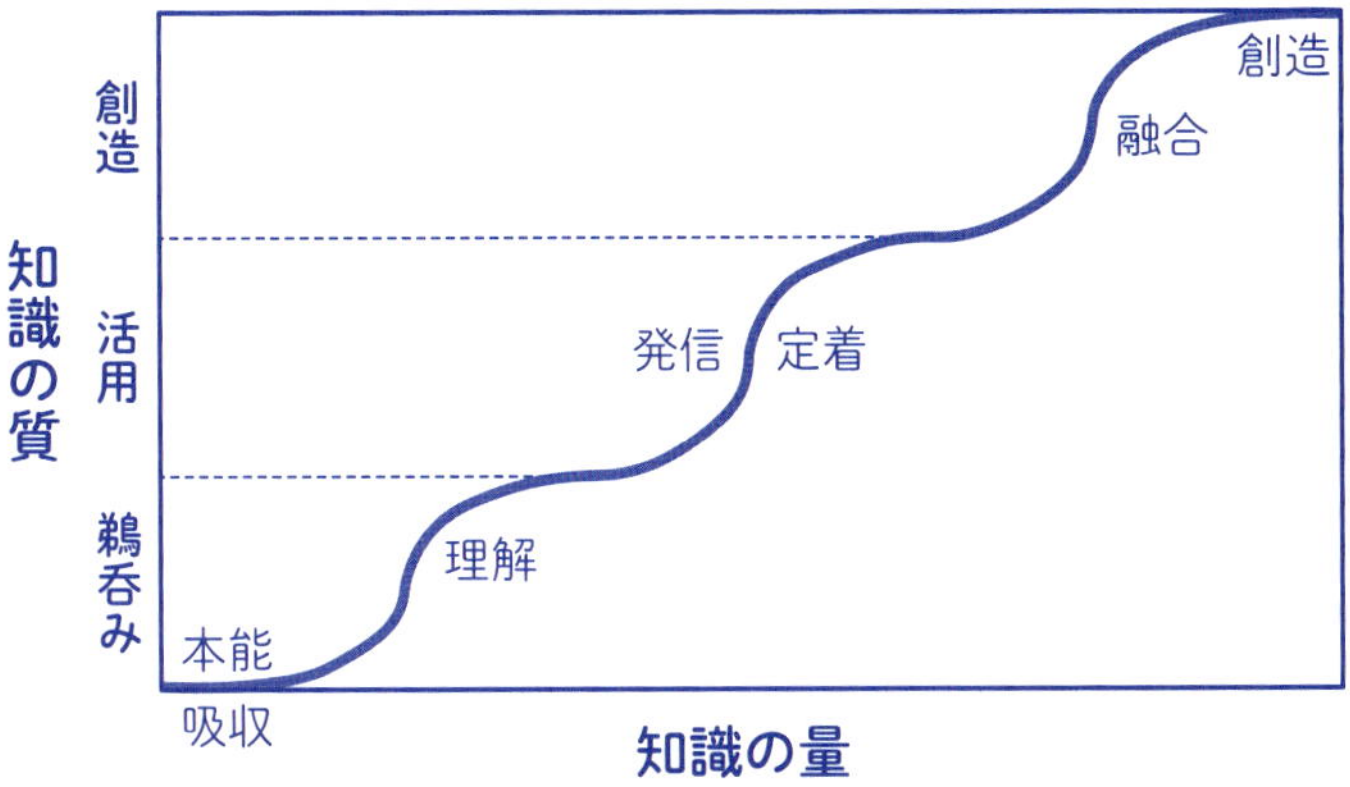

で質が変わってくるのです。

知識は、まさにこの法則に当てはまります。上のグラフを見ながら考えていきましょう。横軸が「知識の量」、縦軸が「知識の質」です。知識の量が増えれば、知識の質も変わってきます。そして、このグラフはS字カーブを描きます。

生まれたばかりの赤ちゃんは、本能的にあらゆることを知識として吸収していきます。言語も同じです。子どもが生まれて発話もできない間に何語で語りかけられるかによって、母国語は決まります。その後、言語の習得も含めて、小さな子どもはあらゆる知識を頭に入れていきます。小学生ぐらいまでは、主にこの段階となります。

このようにして知識の量が増えてくると、単に知識を覚えるだけでなく、「理解する」ということができるようになります。理解するということはつまり、試験問題を解くことができる、ということです。九九を暗記すること、分数を覚えることは、単に知識の蓄積に過ぎませんが、「この問題は九九と分数の知識を使って解く」とわかるのは、問題を理解しているからです。

さらに知識が増えて定着してくると、別の変化が起こります。発信することができるようになるのです。試験で言えば、問題をつくれるようになるのがこの段階。次の段階では頭の中にひとまとまりになっていた知識が、あるときふと融合して新しいものが生まれます。これが〝創造〟です。

>> 知識の下支え
蓄えられた知識が創造力の源！
>> 創造力が発揮された！

日本でゆとり教育のときに言われた、「日本人は知識を詰め込み過ぎるから創造力がない」というのは、私に言わせれば嘘でしかありません。

創造力を発揮するには、それに発展するための「知識の量」が絶対に必要なのです。知識の下支えなく、創造力を発揮することはできません。

もちろん、単に詰め込むだけでは、発信までには至りません。知識がしっかり定着していることが必要です。入試の記述型問題というのは、まさにこの定着を見ているわけです。文章として表現するためには、知識を論理的にまとめ上げて伝えなければなりません。頭の中にある知識が、人に説明できるレベルで発信できるかを、記述式の入試問題は見ているのです。

発信といっても、大げさなことをする必要はありません。一番いいのが、**親が聞き手になること。学校で習ったこと、入試問題、新聞記事の内容などを子どもに解説してもらいます。**そうすることで人に説明できるレベルで知識が定着しているかがわかり、子ども自身が教える側に立つことで知識がさらに定着することにもなります。

32 「自立と自律」を育むために親ができること

男の子というのは、小さいうちは特に、女の子よりはるかに手がかかります。着替えにしても、学校の準備にしても、宿題にしても、放っておいては一向に進まないので、ついつい親が手を出してしまう。そんな生活が当たり前のようになっているご家庭も多いことでしょう。これは特別なことではありません。

しかし、その「当たり前」から離れなければならないのが〝思春期〟です。このまま同じように手をかけていたら、1人立ちとしての「自立」も、自分の意思で人生を切り拓く「自律」も、叶えることはできません。

思春期の息子の見守り方

思春期で大切なのは、「手は出さない、口は出さない、目では見ている」ということです。前にも言いましたが、これは孫悟空を育てるようなもの。親は〝お釈迦様の掌〟の感覚を持つことが大切です。つまり、子どもには「自由に振る舞っている」と感じさせておくけれども、しっかり見守っておく。何をしているか、誰とどこに行くかなどを把握しておく、ということです。

男の子ですから、時に突拍子もないことをすることもあるでしょう。そんなときには、きちんと「それはおかしい」「そんなことをしてはいけない」と言って止めなければなりません。そのためにも、しっかり子どもの行動を把握していなければなりません。「手は出さない、口は出さない、目では見ている」ことが、思春期の子育てにおいては一番重要なのです。

しかし、これは「言うは易《やす》く行うは難《かた》し」。なぜなら手を差し伸べたり、先に注意をしたほうが、よっぽどラクだからです。特に失敗するとわかっていることを、ただ見ているだけというのは、よほど忍耐がいります。「このまま勉強せずに定期テストに突入したら、いい成績は取れない」。本当にその通りです。

ただ、尻を叩いて勉強させることができるのは、せいぜい小学生まで。その後は、自分でやろうと思わなければ、たとえ机に向かっていたとしても身にはなりません。一度赤点でも取って、「やっぱり勉強しなければダメだ」と本人が感じることのほうが、よほどその後の人生にプラスになります。**子どもの思春期は、親の子育てを大きく変える分岐点でもある**のです。

優秀で真面目な子ほど心が折れやすい

思春期の男の子の問題としてすぐ思いつくのは、ひと昔前は暴力などといった外向きのものが大半でした。しかし現在は、ひきこもりや鬱《うつ》などのように、内向きのものが、大きな問題になっています。

内向きになってしまう男の子というのは、真面目でいい子が多いのです。「真面目であることはいいことだ」という価値観を植えつけられてきた、と言ってもいいかもしれません。そのような子は、周りに合わせ過ぎるきらいがあります。親に合わせていい子を演じ、先生に好かれるために勉強を頑張り、友達と話すために流行についていく。どの場面でも相手によく思われるために、最大限の努力をしています。

しかし、これは非常に疲れる。そのために自分の限界を超えてエネルギーを使い過ぎてしまうのです。「心が折れる」というのは、エネルギーが枯渇して活動できなくなった状態です。引きこもりや鬱というのは、回復するために活動量を極端に小さくしている状態とも言えます。つまり、防御反応なのです。

わが子が周りに合わせ過ぎていないか

もし、**お子さんが非常に真面目でいい子なら、「周りに合わせ過ぎていないか」というところに目を向けてください。**そこでエネルギーを使い過ぎていないでしょうか？　疲れ過ぎてはいませんか？

日本は特に同調圧力が強い国ですから、真面目な子はその圧力に潰されてしまいます。本当はやりたいことがあるのに、言いたいことがあるのに、我慢をし続けていたのでは、心や体にいつ支障が出てもおかしくはありません。

「真面目でいい子」というのは、じつはそのような大きなストレスを抱えている可能性があります。そういった意味で、より注意深く見守っていくことが大切なのです。

33 人生を肯定できる選択「トップダウン・アプローチ」

人生はよく登山に例えられますが、そうであるなら登山道を早くから知っておくほうがいいはずです。上へ上へと登っていけば、いつかは山頂にたどり着くかもしれませんが、できることなら明確な意思を持って、自分が歩む道を選べたほうがいい。それはちょうど、登山道を探すために山頂から下を望むような形です。頂上から見れば、最適な道がわかります。ところが下から登っていては、その道はわかりません。

それと同じように、**人生も自分が想定するゴール、つまり山頂が早いうちにイメージできれば、そこから下へ下へと、そのゴールへつながるための方法を考えることができます。そうすると、頂上への最短ルートを見つけやすくなる。**これを私は「トップダウン・アプローチ」と言っています。

わかりやすいのは、将来なりたい職業です。例えば、スポーツドクターになりたいのであれば、医学部に行かなければならない。それなら、高校で生物は学んでおかなければいけないし、数学はここまで必要、という科目選択ができる。このように上のゴールが早くから見えていれば、下は自ずと決まってくるのです。

ただ、ゴールが見えてくるのがいつか、というのは選べません。モーツァルトのように5歳のときにはすでに作曲していた人物もいれば、ベートヴェンのように本格的に作曲を始めたのは30歳という人物もいます。そして本人も親も、それが見つかるまで待つしかありません。

イメージを持つことの大切さ

見つかったように見えても、ゴールは途中で変わることもあります。自分が思っていた山に登りながら、今までより高いところから景色を眺めてみたら、いろいろな新しいものが見えてくることがあるからです。視野が広がり、新しい山が見つかることもあるのです。

もちろん、**ゴールは変わってもいい。大切なのは常に、「30歳になったら、こういう仕事をしていたい」というイメージを持っておくこと**です。

このようにお話しするのは、現在のニートとフリーターの多さからです。20代、30代でおおよそ10%、つまり10人に1人の割合と聞けば、他人事とは思えないのではないでしょうか。

20代の10年間を社会人としてのトレーニングを受けずに過ごしてしまうと、その後社会に出て働くことは非常に難しくなります。「8050問題」をこれ以上大きくしないためには、20代で社会に出ていくことが必要です。

そのためには、30歳になった自分をイメージしておくことが役に立ちます。ゴールがある程度見えていれば、20代の下積み期間も投げ出さずに取り組むことができるものです。また、企業の名前などにとらわれず、30歳の自分へつながるような仕事を選ぶこともできます。

山頂へ到達するにはどの道を選べばいいか、それがわかっていれば多少険しい道であったとしても、それほど苦労には感じられないでしょう。

おわりに

失われた30年を経て、若者が明るい未来を夢見ながら、日本を生き生きとした社会に蘇らせるには、自己肯定感の確立を欠くことができないと私は考えています。

しかし、それはもしかすると我々が慣れ親しんできた日本の文化、日本らしさと正面からぶつかる意識の大変革を必要としているのかもしれません。「和を以て貴しとなす」を、我を張らず、人に同調して仲良く過ごしましょう、と解釈して望ましい行動の規範としてきた文化の下では、自己肯定感を確立することは、我を張ることであり、望ましくないことだからです。

もう少し詳しく17条の憲法について見てみましょう。17条の憲法は日本書紀の巻第22推古天皇の章に書かれています。女性天皇である推古天皇は厩戸皇子《うまやどの》、すなわち聖徳太子を皇太子として、国政をすべて委任しました。そのとき、つくられたのが17条の憲法です。冒頭の「以和爲貴（わをもってとうとしとなす）」だけが有名であり、人々に同調することを求めているように解釈されていますが、詳しく読むと違った様相が浮かび上がってきます。

「一にいう、和を尊び、逆らい背くことのないようにせよ。（中略）上下の者が和み睦み合い、事を論じて合意に至れば、事の道理は自然に通る。何事であれ、成就しないものはないと。（中略）十七に言う、物事を独断で決めてはならない。

（日本の古典を読む②、日本書紀 上、小学館）

つまり、お互いに主張をぶつけ合って議論し、合意に至りつくことが重要であると、西暦604年の事績である17条の憲法に書かれているのです。この考え方は、明治維新のときの5か条のご誓文にも明記されています。すなわち「一，広ク会議ヲ興シ，万機公論ニ決スベシ」

このように日本では、お互いに主張すべきは主張して、合意点を探るという考え方が昔から求められてきたことがわかります。あるいは逆の見方をすると、このような訓示を行わなければならない真逆の社会だったかもしれないという可能性もあります。

いずれにせよ、この30年間のＧＤＰは約５００兆円から増えず、倍以上に成長したアメリカ、中国、ヨーロッパ諸国の中で辛うじて世界3位の経済規模を維持しているに過ぎない日本。しかも１人当たりのＧＤＰはずるずると後退し、労働生産性はＯＥＣＤ諸国の中で下から数えたほうが早い日本が輝きを取り戻すには、文化大革命に等しいような大変革が必要です。

大変革の１つが自己肯定感の確立です。それも若い世代に求めるだけでは不十分。まず自己の自己肯定感を確立する必要があります。ケネディーの就任演説は示唆に富んでいます。

「米国民の同胞の皆さん、あなたの国があなたのために何ができるかを問わないでほしい。あなたがあなたの国のために何ができるかを問うてほしい」

言葉を置き換えるなら、

子どもを育てている皆さん、あなたの子どもが自己肯定感を確立できるか問わないでほしい。あなたがあなた自身の自己肯定感を確立できるか問うてほしい。

2019年11月

開成中学校・高等学校校長
柳沢幸雄

柳沢幸雄（やなぎさわ・ゆきお）

1947年生まれ。東京大学名誉教授。開成中学校・高等学校校長。開成高等学校、東京大学工学部化学工学科卒業。71年、システムエンジニアとして日本ユニバック（現・日本ユニシス）に入社。74年退社後、東京大学大学院工学系研究科化学工学専攻修士・博士課程修了。ハーバード大学公衆衛生大学院准教授、併任教授（在任中ベストティーチャーに複数回選出）、東京大学大学院新領域創成科学研究科教授を経て2011年より現職。シックハウス症候群、化学物質過敏症研究の世界的第一人者。自身も２人の男子を育て、小学生から大学院生まで教えた経験を持つ。主な著書に『母親が知らないとヤバイ「男の子」の育て方』（秀和システム）、『東大とハーバード 世界を変える「20代」の育て方』（大和書房）などがある。

男の子の「自己肯定感」を高める育て方

2019年12月10日　初版第１刷発行
2020年２月20日　初版第３刷発行

著　者　柳沢幸雄
発行者　小山隆之
発行所　株式会社 実務教育出版
〒163-8671　東京都新宿区新宿1-1-12
電話　03-3355-1812（編集）　03-3355-1951（販売）
振替　00160-0-78270

印刷／株式会社 精興社　　製本／東京美術紙工 協業組合

ISBN978-4-7889-1961-7　C0037